CONSULTORÍA EMPRESARIAL

CÓMO CREAR Y POTENCIAR TU NEGOCIO CON MIS ESTRATEGIAS DE CONSULTOR

LUIS MANUEL AÑEZ

CONSULTORÍA EMPRESARIAL EFECTIVA

Copyright Luis Manuel Añez
Primera edición 2023
ISBN: 9798396475588
Producción editorial: Mi Infoproducto.
www.miinfoproducto.com

A Dios, por estar presente y ayudarme en cada una de las metas y objetivos que me he propuesto seguir a lo largo de mi vida.

También dedico este libro a mis padres, por inculcarme el respeto y los valores que pude plasmar en mi vida y mi carrera.

A mi esposa, por su apoyo sincero e incondicional.

A mis familiares y amigos, que de alguna manera u otra son parte de cada éxito obtenido.

A mis profesores, que dieron lo mejor para plasmar en mí sus conocimientos y experiencia.

Y a mis clientes y todas esas personas con las que he tenido alguna relación de trabajo, por dejar siempre un aprendizaje.

CONTENIDO

CONÓCEME

Soy **Luis Manuel Añez,** Ingeniero Industrial egresado de la Universidad Rafael Belloso Chacín en Maracaibo, y me desempeño como consultor de negocios con más de una década de experiencia en el área. Desde el año 2019 he tenido la oportunidad de asesorar a diversas empresas, tanto dentro como fuera de Venezuela, compartiendo mis investigaciones y experiencias en diferentes foros, seminarios y ponencias.

A lo largo de mi trayectoria, he tenido la oportunidad de trabajar con numerosos clientes de diversas áreas, lo que me ha permitido adquirir un amplio conocimiento en el desarrollo de estrategias efectivas para crear y potenciar negocios. He plasmado mi experticia en mi libro *Consultoría Empresarial Efectiva*, donde comparto las mejores estrategias que he implementado con éxito en los diferentes proyectos en los que he participado.

Además de mi experiencia profesional, he llevado a cabo diversos cursos de actualización y capacitación en áreas como la gerencia de proyectos, el liderazgo empresarial y la gestión de equipos de trabajo. Estoy comprometido en seguir formándome para estar siempre actualizado y ofrecer a mis clientes las mejores soluciones a sus necesidades empresariales.

PRESENTACIÓN

omo ingeniero industrial y consultor empresarial con años de experiencia asesorando empresas, puedo afirmar que una perspectiva externa y experta en el desarrollo de un negocio es fundamental para el éxito empresarial. En este libro te proporcionaré herramientas prácticas y mi experiencia profesional para ayudarte a desarrollar soluciones efectivas y ofrecer asesoramiento de calidad para tu empresa.

Los empresarios a menudo están tan inmersos en su negocio que pueden perder de vista los problemas que van acumulándose con el tiempo y las oportunidades que se presentan. Los consultores empresariales estamos entrenados para proporcionar una evaluación objetiva y profesional y brindar soluciones innovadoras, eficaces y oportunas para ayudar a las empresas a alcanzar su máximo potencial.

A lo largo de estas páginas aprenderás a identificar tus necesidades empresariales, establecer metas realistas y evaluar el rendimiento de un consultor empresarial

Pero, ¿cómo saber si estás contratando al consultor adecuado? En este libro te guiaré paso a paso sobre cómo encontrar y seleccionar al consultor capaz de detectar tus necesidades y ofrecerte soluciones. Te proporcionaré una lista de verificación detallada para asegurarte de que estás contratando al profesional que podrá orientarte en la construcción de procesos, la optimización del clima organizacional y el cierre de las brechas de mejora en tu empresa.

Las siguientes páginas se proponen como una esencial herramienta de consulta para cualquier empresario que busque una perspectiva objetiva, experta y eficaz para desarrollar su empresa. Ya sea que necesites ayuda para planificar el futuro, gestionar el crecimiento, mejorar la eficiencia del capital humano o resolver problemas específicos, hallarás el consultor industrial conveniente para maximizar el éxito de tu empresa. Así que, si estás listo para llevar tu empresa al siguiente nivel, esta guía es para ti. ¡Bienvenido a Consultoría empresarial efectiva!

Luis Manuel Añez

1

¿POR QUÉ
CONTRATAR A UN

Desde la falta de crecimiento y
rentabilidad, hasta problemas con el
personal y en el manejo de los procesos,
muchas son las razones que llevan a un
negocio o emprendimiento a contratar a
un consultor externo .

Tras varios meses estudiando ideas de negocio, una de mis primeras clientes decidió dejar su trabajo y comenzar su propio emprendimiento: una tienda de ropa en el centro de la ciudad. Estaba emocionada de comenzar su aventura empresarial, pero pronto descubrió que administrar un negocio no era tan fácil como había imaginado.

La tienda no estaba generando suficientes ingresos para cubrir los costos, y luchaba para encontrar nuevas formas de atraer a los clientes. Además, enfrentaba problemas para mantener su inventario actualizado y gestionar sus finanzas.

Desesperada por encontrar una solución, una amiga en común nos presentó y nos reunimos para analizar la situación de su negocio. Después de algunas preguntas clave, pude identificar rápidamente los problemas esenciales que estaban impidiendo que la tienda creciera. Juntos, trabajamos en un plan de acción para mejorar las ventas de la tienda, recomendándole que se enfocara en el marketing en línea y las redes sociales.

También le recomendé que agregara algunos productos nuevos a la tienda y eliminar aquellos que no estaban funcionando. Finalmente, la ayudé a establecer un sistema de seguimiento financiero para mantener sus finanzas en orden y evitar errores comunes. En poco tiempo las ventas empezaron a crecer.

Como en ese caso, la moraleja de esta historia es que un consultor empresarial es una herramienta valiosa para cualquier persona que tenga dificultades para hacer crecer su negocio. A menudo, las pequeñas empresas tienen recursos limitados y no pueden permitirse experimentar con estrategias costosas e ineficaces.

> Un consultor empresarial ayuda a guiar a los propietarios de negocios en la dirección correcta y a evitar errores costosos.

Pero... ¿Qué es un consultor de negocios?

Ahora bien, antes de seguir es bueno aclarar con detalle qué es un consultor de negocios y por qué en diversos casos muchas empresas los necesitan: un consultor de negocios es un profesional que brinda asesoramiento a las empresas y organizaciones con el objetivo de mejorar su desempeño y rentabilidad.

También podría decirse que un consultor de negocios es un experto en su área de especialización, ya sea finanzas, marketing, operaciones, tecnología, recursos humanos, estrategia o cualquier otra área clave de un negocio.

> La responsabilidad principal de un consultor de negocios es trabajar con el cliente para identificar y solucionar problemas en su empresa.

Un consultor cubre una amplia gama de tareas, desde la realización de análisis de mercado y financieros hasta el desarrollo de estrategias empresariales a largo plazo. El consultor también es responsable de ayudar al cliente a implementar los cambios necesarios para mejorar su rendimiento.

Si Elon buscó un asesor, tú también deberías...

Elon Musk es conocido por ser uno de los emprendedores más exitosos e innovadores de nuestra época. Fundador de varias empresas revolucionarias como Tesla, SpaceX y SolarCity, ha cambiado el mundo con sus ideas y su atrevida visión de futuro. Pero, ¿cómo ha logrado Musk llevar a cabo todos estos proyectos con tanto brillo?

Uno de los secretos detrás del éxito de Elon Musk ha sido rodearse de un equipo de asesores empresariales y mentores que lo han guiado en su camino. Uno de los más importantes ha sido Peter Thiel, cofundador de PayPal, quien lo ayudó a lanzar esta empresa en la década de 1990.

Musk ha trabajado con Thiel en varias ocasiones, y ha reconocido su influencia en su carrera empresarial. En una entrevista con la revista Forbes en 2013, Musk dijo: "Peter Thiel es alguien que ha tenido una gran influencia en mí, especialmente en los primeros días de PayPal. Él es alguien que admiro y respeto mucho".

Pero Thiel no ha sido el único asesor empresarial que ha trabajado con Musk. Otro ejemplo es Larry Ellison, el fundador de Oracle, quien ha sido un mentor para Musk en el campo de la tecnología y la informática, donde el ahora dueño de Twitter se desenvuelve como pez en el agua.

Además de estos mentores, Musk también ha trabajado con consultores empresariales en procesos específicos de sus empresas . En 2008, contrató a McKinsey & Company para ayudar a mejorar la eficiencia y rentabilidad de Tesla. Y en 2018, contrató a James Anderson, un consultor de Bain & Company, para asesorar en la toma de decisiones estratégicas en SpaceX.

La experiencia de Elon Musk demuestra la importancia de trabajar con asesores empresariales y mentores. Aunque parezca que los emprendedores exitosos lograron todo por sí solos, la realidad es que han contado con el apoyo y la orientación de expertos en diferentes áreas de negocio.

Existen muchos ejemplos de empresas y personajes famosos que han recurrido a los servicios de un asesor empresarial para mejorar su desempeño y obtener resultados positivos:

- **Steve Jobs:** el fundador de Apple es conocido por trabajar con varios asesores empresariales en su meteórica carrera, incluyendo a Regis McKenna, quien ayudó a Jobs a diseñar la primera campaña publicitaria de Apple en la década de 1970.

- **McDonald 's:** la cadena de comida rápida ha trabajado con varios consultores empresariales a lo largo de los años para mejorar su modelo de negocio y mantenerse competitiva en el mercado. Uno de los consultores más conocidos de McDonald 's fue Ray Kroc, quien adquirió la compañía en la década de 1950 y la convirtió en una franquicia global.

- **Toyota:** la empresa automotriz japonesa es conocida por su sistema de producción "lean", el cual fue desarrollado con la ayuda de consultores empresariales como Taiichi Ohno y Shigeo Shingo en la década de 1950.

- **Oprah Winfrey:** la presentadora de televisión y empresaria ha trabajado con varios asesores empresariales a lo largo de su carrera, incluyendo a Martha Beck, quien la ha ayudado a desarrollar su marca personal y a encontrar un equilibrio entre su vida personal y profesional.

- **Coca-Cola:** la compañía de bebidas más famosa del mundo ha trabajado con varios consultores empresariales a lo largo de los años para mejorar su estrategia de marketing y mantenerse relevante en el mercado. Uno de los consultores más conocidos de Coca-Cola fue Sergio Zyman, quien ayudó a la compañía a lanzar la campaña publicitaria "Coca-Cola Classic" en la década de 1980.

- **Amazon:** la empresa de comercio electrónico ha trabajado con varios consultores empresariales para mejorar su modelo de negocio y mantenerse como empresa líder en el mercado. Uno de los consultores más conocidos de Amazon fue Ram Charan, quien ayudó a la compañía a desarrollar su estrategia de crecimiento en la década de 2000.

¿Por qué contratar a un consultor de negocios? Responsabilidades

Ahora, ¿por qué un negocio necesitaría los servicios de un consultor empresarial? Muchas son las posibles razones:

- **Falta de experiencia:** el propietario de una pequeña empresa quizá carezca de experiencia en áreas específicas de negocios, como finanzas, marketing o recursos humanos, lo que limita su capacidad para tomar decisiones efectivas.

- **Problemas de rentabilidad:** muchos negocios presentan dificultades para mantener su rentabilidad, ya sea porque sus costos son demasiado altos, sus precios son demasiado bajos o sus ingresos son insuficientes.

- **Falta de dirección clara:** una empresa, sea nueva o consolidada, quizá enfrente dificultades para establecer objetivos claros y un plan de acción para alcanzarlos.

- **Crecimiento estancado:** cuando un negocio lucha para expandirse o encontrar nuevas oportunidades de mercado.

- **Problemas con el personal:** los propietarios de negocios pueden tener dificultades para gestionar y motivar a su personal, lo que afecta negativamente la productividad y la calidad del trabajo.

- **Inconvenientes en los procesos y las operaciones:** si los procesos y operaciones de un negocio resultan ineficientes o poco efectivos, lo que perjudica la calidad del producto o servicio y aumenta los costos.

- **Problemas de marketing:** al presentar dificultades para llegar a su mercado objetivo, lo que limita la capacidad para atraer nuevos clientes y mantener a los existentes.

- **Problemas de financiación:** dificultades para obtener financiamiento o para gestionar sus finanzas de manera efectiva.

Ya una vez conocidas las razones que llevarían a una empresa a contratar a un consultor empresarial, es momento de destacar aquellas responsabilidades específicas y cuál vendría a ser el rol a desempeñar dentro de la organización, punto este que desarrollaremos en las siguientes páginas:

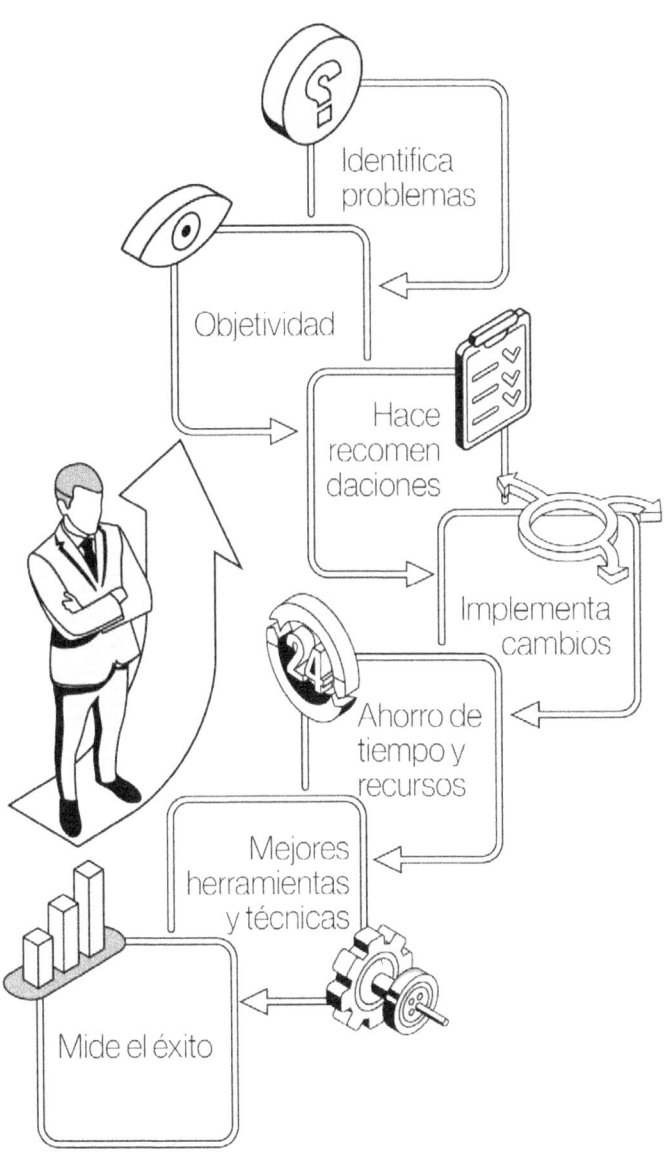

Identifica problemas

Objetividad

Hace recomendaciones

Implementa cambios

Ahorro de tiempo y recursos

Mejores herramientas y técnicas

Mide el éxito

- **Identificar los problemas del negocio.** El consultor de negocios debe trabajar con el cliente para entender los desafíos que enfrenta su empresa, lo que involucra la realización de entrevistas con empleados, análisis de datos y evaluaciones de procesos de negocio para identificar las brechas de mejora.

- **Objetividad.** El propietario, accionistas y empleados de la empresa suelen estar demasiado cerca de la situación y no ven los problemas o las soluciones con la claridad necesaria. En ese caso, un consultor de negocios ofrecerá una perspectiva fresca, objetiva y valiosa para identificar problemas y desarrollar soluciones efectivas. Por ejemplo, un consultor de procesos puede analizar los procesos de la empresa y encontrar cuellos de botella, ineficiencias y otros problemas que los ejecutivos y empleados no habían notado. Luego, desarrollar soluciones para mejorar los procesos y la eficiencia.

- **Plantear recomendaciones.** Una vez que el consultor ha identificado los problemas de la empresa, debe proporcionar recomendaciones sobre cómo mejorar su rendimiento, desde el desarrollo de planes de acción detallados, la identificación de soluciones tecnológicas o la implementación de nuevas estrategias de marketing.

- **Implementar cambios.** El consultor de negocios es responsable de implementar los cambios necesarios en la empresa, lo que incluye la capacitación de los empleados en nuevas técnicas o procesos, la instalación de softwares o tecnología nueva, o el desarrollo de nuevos programas de marketing y publicidad.

- **Ahorro de tiempo y recursos.** En lugar de que la empresa tenga que dedicar tiempo y recursos internos para resolver un problema o desarrollar una estrategia, un consultor de negocios hace el trabajo de manera más rápida y efectiva.

Por ejemplo, ayudar a una empresa a desarrollar un proceso de selección y contratación más efectivo que atraiga a los mejores talentos.

- **Acceso a mejores herramientas y técnicas.** Supongamos que la empresa que estamos asesorando es una tienda de ropa. Una de las estrategias que podemos implementar es la segmentación de mercado, lo que implica identificar los diferentes grupos de clientes que existen y adaptar la oferta de la tienda a las necesidades y preferencias de cada uno de ellos. Si descubrimos que hay un segmento de clientes que busca ropa para hacer ejercicio, podemos incluir en nuestro inventario una sección de ropa deportiva con marcas reconocidas. Si, por otro lado, encontramos que hay un segmento de clientes que busca ropa para ocasiones especiales, podemos incorporar una selección de vestidos y trajes elegantes.

- **Mide el éxito.** Después de implementar cambios, el consultor de negocios debe medir su éxito. Desde el monitoreo de los indicadores clave de rendimiento, el análisis de datos de ventas, el clima organizacional adecuado o el seguimiento de la satisfacción del cliente. Con base en esta información, el consultor de negocios hará recomendaciones adicionales o ajustará las estrategias empresariales existentes.

2
CÓMO ELEGIR

Consejos para elegir al consultor de negocios ideal para cada empresa, considerando factores como la experiencia, el enfoque, la metodología y, por supuesto, sus honorarios profesionales.

E n mis inicios como consultor, la dueña de una pequeña cafetera me planteó un caso preocupante. El negocio había estado luchando durante meses para mantenerse a flote y los empleados ya comenzaban a sentir la presión.

La dueña decidió que era hora de buscar ayuda. Sabía que necesitaba un consultor de negocios para ayudarlo a identificar los problemas y encontrar soluciones efectivas. Así que comenzó a buscar en línea y encontró a un consultor que parecía tener todas las credenciales correctas. Un título avanzado, mucha experiencia y excelentes reseñas en línea.

> El dueño de la empresa se emocionó
> y contrató al consultor de inmediato,
> pero pronto se dio cuenta de que había
> cometido un gran error.

El consultor parecía más interesado en impresionar a la dueña de la empresa con su conocimiento que en ayudarle a solucionar los problemas de la empresa. No había ningún enfoque real, solo un montón de jerga de negocios y de recomendaciones vagas que no llevaban a ninguna parte.

Además, el consultor era muy caro y, para cuando terminó su trabajo, la empresa no había mejorado en absoluto. En cambio, habían perdido una gran cantidad de dinero y la dueña de la empresa estaba más desesperado que nunca.

Se dio cuenta de que había aprendido una lección muy importante: elegir al consultor adecuado es crucial para el éxito del negocio. No se trata solo de contratar al consultor más caro o con más experiencia, sino a alguien que tenga un enfoque claro, que pueda trabajar con la empresa para identificar problemas y soluciones efectivas. Y, por supuesto, que sea asequible.

> La moraleja de esta historia es que elegir al consultor adecuado es crucial para el éxito de cualquier empresa.

Elige así al consultor que te conviene

Elegir al consultor adecuado es una tarea crucial para cualquier empresa, sea grande o pequeña, que desee obtener resultados positivos en su desempeño y mantenerse en el tiempo.

> Y es que seleccionar al consultor adecuado puede marcar la diferencia entre el éxito y el fracaso de un proyecto dado o incluso de la empresa en su conjunto.

A continuación, te comento, en base a mi experiencia, los factores a considerar para elegir a asesor empresarial conveniente para los objetivos de una marca:

Necesidades de la empresa

Es fundamental que la empresa tenga claro cuáles son sus necesidades y objetivos a alcanzar antes de buscar a un consultor externo. Esto permitirá que la búsqueda se centre en consultores que se especialicen en las áreas donde la empresa necesita la ayuda específica. Por ejemplo, si la empresa necesita apoyo para mejorar la gestión de recursos humanos, se debe buscar a un consultor con experiencia en el área de las relaciones industriales.

Experiencia del consultor

Uno de los factores más importantes a considerar al elegir al consultor adecuado es su experiencia. Se debe evaluar cuántos años de experiencia tiene en el área que la empresa necesita ayuda, así como el tipo de empresas con las que ha trabajado. Es importante que el consultor tenga experiencia en el mismo tipo de empresa que la suya y en el mismo sector, ya que esto le permitirá entender mejor sus necesidades.

Metodología de trabajo

Cada consultor tiene su propia metodología de trabajo. Se debe buscar un consultor que tenga una metodología que se ajuste a las necesidades y objetivos de la empresa. Es recomendable solicitar al consultor información detallada sobre su metodología y pedir referencias de otros clientes con los que haya trabajado.

Habilidades de comunicación

El consultor debe ser capaz de comunicar claramente las recomendaciones y soluciones propuestas. Esto implica que debe tener habilidades comunicativas sólidas, incluyendo la capacidad de escuchar y hacer preguntas pertinentes. Además, el consultor debe ser capaz de adaptar su lenguaje a la audiencia y presentar los resultados de una manera clara y concisa.

Precios y tarifas

¡Por supuesto! Hay que tener en cuenta los costos de los servicios del consultor. Primero recomiendo solicitar cotizaciones de varios consultores y comparar precios. Sin embargo, el precio no siempre es un indicador de la calidad del servicio. Hay que evaluar otros factores, como la experiencia y las metodologías del consultor.

Trabaja en equipo

En muchos casos, el consultor trabajará en estrecha colaboración con los miembros del equipo de la empresa. Por lo tanto, sí o sí el consultor debe manejar habilidades interpersonales sólidas y la capacidad de trabajar en equipo, ser capaz de crear un ambiente de trabajo colaborativo y fomentar la participación activa de los empleados del área que está bajo revisión profesional.

Referencias

Antes de contratar a un consultor, pide referencias de otros clientes con los que haya trabajado. Las referencias proporcionan información valiosa sobre la calidad del trabajo del consultor, su capacidad para cumplir con los plazos, etc. Al revisar las referencias, se puede verificar si el consultor o asesor ha trabajado con empresas similares a la tuya y si ha tenido éxito en sus proyectos anteriores. Las referencias positivas de empresas anteriores generan confianza.

Y si eres tú quien desea ser consultor...

Aunque este libro va enfocado al emprendedor que tiene la necesidad de contratar a un consultor empresarial para crear o potenciar su negocio, seguro muchos lectores desean iniciarse en este fascinante y exigente camino profesional.

Si eres un profesional en busca de nuevos desafíos y estás interesado en el mundo de la consultoría empresarial, hay ciertas cosas que debes tener en cuenta para iniciarte en este camino y tener éxito en tu carrera. En este artículo, te daré algunos consejos para convertirte en un consultor empresarial exitoso.

Identifica tus habilidades y conocimientos

Adquiere experiencia

Estudia y fórmate

Identifica tu nicho

Desarrolla tu red de contactos

Establece tu marca personal

Sé un buen comunicador

Sé paciente y perseverante

- **Identifica tus habilidades y conocimientos:** pregúntate qué áreas te apasionan, en qué eres bueno y cómo aportar valor a las empresas. Por ejemplo, si eres un experto en finanzas, podrías ofrecer servicios de consultoría en esa área.

- **Adquiere experiencia:** para ser un buen consultor empresarial, necesitas tener experiencia gerencial. Trabajar en empresas en diferentes posiciones, desde cargos de nivel inicial hasta puestos de liderazgo, te dará una perspectiva más amplia del mundo empresarial y te permitirá entender mejor las necesidades de tus clientes.

- **Estudia y fórmate:** Aunque la experiencia es fundamental, no es suficiente para convertirse en un consultor empresarial exitoso. Estudia en áreas como la estrategia empresarial, el marketing, la gestión de proyectos y la tecnología. Asiste a cursos, conferencias y seminarios, y obtén certificaciones en áreas relevantes para la consultoría empresarial.

- **Identifica tu nicho:** una vez que hayas adquirido experiencia y conocimientos gerenciales, identifica el nicho en el que quieres especializarte. Por ejemplo, la estrategia de marketing digital o la gestión de proyectos, o en un sector en particular, como la salud o la tecnología.

- **Desarrolla tu red de contactos:** el networking es clave en la consultoría empresarial. Conéctate con profesionales y empresas en tu rubro. Asiste a eventos, únete a grupos profesionales y participa en foros en línea. ¡Tu red de contactos será clave para conseguir nuevos clientes y proyectos!

- **Establece tu marca personal:** Como consultor empresarial, tu marca personal es muy importante. Es lo que te diferenciará de otros profesionales en tu área. Desarrolla un sitio web y presencia en redes sociales que refleje tu experiencia y habilidades. Publica artículos, opiniones y consejos en línea que muestren tu conocimiento y perspectiva sobre temas relevantes para tu área de especialización.

- **Sé un buen comunicador:** Un buen consultor empresarial debe ser un excelente comunicador y saber explicar sus ideas y recomendaciones de manera clara y concisa a los clientes. Además, tener habilidades de escucha para comprender las necesidades de tus clientes y adaptar tus soluciones a sus necesidades específicas.

- **Sé paciente y perseverante:** La consultoría empresarial es una carrera que requiere paciencia y perseverancia. No siempre tendrás éxito en cada proyecto y algunos clientes son difíciles de trabajar. Mantén una actitud positiva y enfócate en aprender de tus errores y mejorar en cada proyecto.

3
AL MOMENTO DE CONTRATAR

Aquí te muestro algunos puntos cruciales que debes tener en cuenta al redactar un contrato con tu asesor empresarial.

E l contrato es un elemento crucial para establecer las expectativas y definir las responsabilidades y obligaciones tanto del consultor empresarial como del dueño de la empresa. A continuación, te describo algunos puntos clave a incluir en un contrato con un asesor empresarial:

Alcance del proyecto

Tiempo y duración

Honorarios

Propiedad intelectual

Confidencialidad

Terminación

Responsabilidad

Renovación

- **Alcance del proyecto:** el contrato, debe detallar el alcance del proyecto y las tareas específicas que el consultor empresarial realizará para cumplir con los objetivos establecidos.

37

- **Tiempo y duración:** establecer el tiempo y duración del proyecto para que ambas partes tengan una idea clara del calendario y las fechas de entrega.

- **Honorarios:** los honorarios del consultor empresarial deben ser claramente especificados en el contrato, incluyendo la tasa por hora, el costo total del proyecto y la forma de pago.

- **Propiedad intelectual:** si el consultor empresarial creará algún tipo de propiedad intelectual durante el proyecto, hay que especificar quién será el propietario de dicha propiedad y cómo se manejarán los derechos de autor.

- **Confidencialidad:** es necesario establecer claramente las obligaciones de confidencialidad del consultor empresarial y las restricciones de divulgación de información confidencial de la empresa.

- **Terminación:** el contrato debe incluir los términos y condiciones en caso de que alguna de las partes decida terminar el proyecto antes de su finalización.

- **Responsabilidad:** hay que establecer la responsabilidad del consultor empresarial en caso de incumplimiento o negligencia durante el proyecto.

- **Renovación:** si se espera una renovación del contrato, hay que definir los términos y condiciones de dicha renovación.

Ahora te muestro un ejemplo específico de un contrato de Consultoría Empresarial tomando en cuenta los aspectos de los que te hablé líneas atrás:

Este contrato de consultoría empresarial (el "Contrato") se celebra y entra en vigor en [fecha] entre [nombre del consultor], con domicilio en [dirección del consultor] (el "Consultor"), y [nombre de la empresa], con domicilio en [dirección de la empresa] (la "Empresa").

Objeto del contrato

El objeto de este Contrato es establecer los términos y condiciones bajo los cuales el Consultor proporcionará servicios de consultoría empresarial a la Empresa (el "Proyecto").

Alcance del proyecto

El Proyecto incluirá [lista detallada de tareas y objetivos específicos que el consultor llevará a cabo]. El Consultor se compromete a completar todas las tareas del Proyecto de manera oportuna y eficiente.

Tiempo y duración

El Proyecto comenzará el [fecha de inicio] y se espera que se complete en un plazo de [duración proyectada en meses]. Sin embargo, el Consultor reconoce que el tiempo y la duración del Proyecto podrán ser ajustados en caso de necesidad o alguna eventualidad de la empresa.

Honorarios

El Consultor recibirá un honorario total de [monto total en dólares] por el Proyecto. El pago se realizará en [forma de pago acordada], y se facturará de acuerdo con [frecuencia de facturación].

Propiedad intelectual

El Consultor reconoce que cualquier propiedad intelectual creada durante el Proyecto será propiedad exclusiva de la Empresa.

Confidencialidad

El Consultor se compromete a no divulgar ninguna información confidencial de la Empresa durante o después del Proyecto, y a tomar todas las medidas necesarias para mantener la confidencialidad de dicha información.

Terminación

Cualquiera de las partes podrá dar por terminado este Contrato en cualquier momento, previa notificación escrita a la otra parte. En caso de terminación anticipada, el Consultor recibirá una remuneración por los servicios prestados hasta la fecha de la terminación.

Responsabilidad

El Consultor se compromete a realizar los servicios de consultoría empresarial con el mayor grado de diligencia, habilidad y cuidado. En ningún caso, el Consultor será responsable por cualquier daño indirecto, especial, consecuente o incidental que resulte del Proyecto.

Renovación

Este Contrato se renovará automáticamente por períodos sucesivos de [duración de renovación], a menos que cualquiera de las partes notifique por escrito su deseo de no renovar con un mínimo de [tiempo mínimo de notificación].

Este Contrato representa el acuerdo completo y exclusivo entre el Consultor y la Empresa en relación con el Proyecto y reemplaza todos los acuerdos previos, escritos o verbales, en relación con el mismo. Este Contrato no podrá ser modificado sin el consentimiento por escrito de ambas partes.

Tras la contratación

Después de contratar a un consultor empresarial, es natural que los propietarios de negocios esperen que su desempeño mejore significativamente. Sin embargo, hay que tener en cuenta que los resultados y la eficacia del consultor dependerán de varios factores, incluyendo la naturaleza del proyecto, la calidad de la colaboración y la comunicación entre el consultor y el equipo de trabajo de la empresa.

En general, se espera que el consultor empresarial brinde soluciones y recomendaciones concretas para los problemas específicos que enfrenta la empresa, a través de un enfoque analítico y estructurado. El consultor debe tener una comprensión profunda del negocio y su industria, así como también de las tendencias y mejores prácticas en su área de especialización.

Además, se espera que el consultor empresarial trabaje de manera colaborativa y efectiva con el equipo de trabajo de la empresa, escuchando sus preocupaciones y expectativas, y adaptando sus soluciones a las necesidades específicas de la empresa. La implementación de cambios es un proceso complicado y es importante que el consultor empresarial brinde apoyo y orientación durante todo el proceso.

Finalmente, se espera que el consultor empresarial cumpla con altos estándares de ética y profesionalismo, manteniendo la confidencialidad y transparencia en todas las interacciones con la empresa. En fin, se espera que el desempeño de un consultor empresarial se traduzca en una mejora tangible del desempeño y rentabilidad de la empresa, y en la implementación de cambios efectivos y sostenibles.

4
SÍ O SÍ: ANÁLISIS

Ya sea que se parta desde cero un negocio o se pretenda desarrollar uno existente, uno de los primeros pasos a cubrir por el consultor es el estudio del modelo de negocio.

L a experiencia como consultor empresarial me ha revelado la importancia de analizar el modelo de negocio como uno de los primeros pasos al asesorar a una empresa u organización. Y es que muchas empresas se centran en el desarrollo de productos o servicios sin tener en cuenta cómo generarán ingresos y cómo lograrán la rentabilidad a largo plazo.

Por eso, cuando comienzo a trabajar con una empresa, lo primero que hago es analizar su modelo de negocio existente y, si la situación lo reclama, ayudar a crear uno nuevo. Uno de mis trabajos iniciales, con lo que arranco el trabajo de la asesoría, es revisar cuidadosamente sus fuentes de ingresos, su estructura de costos, sus recursos humanos y materiales, sus canales de distribución y cómo la marca está llegando a su público objetivo. También considero factores como la competencia y las tendencias del mercado que puedan afectar su capacidad para mantener un crecimiento sostenido.

Al comprender el modelo de negocio de una empresa, identifico áreas de mejora y oportunidades para el crecimiento, así como formas de aumentar los ingresos de la empresa, reducir sus costos o mejorar la eficiencia de sus operaciones.

El análisis del modelo de negocio también me permite identificar posibles problemas que puedan surgir en el futuro y trabajar con la empresa para desarrollar planes de contingencia, lo que protegerá a la empresa de riesgos innecesarios y garantizará que tenga una base sólida para el éxito a largo plazo.

El modelo de negocio de una empresa u organización es la base de su funcionamiento y la clave para su éxito.

Es vital realizar este análisis al principio del proceso de asesoramiento, ya que si hay problemas en el modelo de negocio, serán necesarios cambios importantes que afecten a otras áreas de la empresa, como el marketing, las finanzas o la producción. Por lo tanto, es mejor identificar estos problemas lo antes posible para tomar las medidas necesarias para corregirlos y evitar costos innecesarios en el futuro.

¿Qué es un modelo de negocio?

Un modelo de negocio es básicamente la manera en que una empresa crea, entrega y captura valor. Y, cosa muy importante, cómo monetizar y generar riqueza a partir de ese proceso. Para que lo tengas más claro, te lo explico brevemente con algunos ejemplos:

- **Modelo de suscripción:** el cliente paga una cuota mensual o anual para acceder a un producto o servicio, como en el caso de Netflix o Spotify.

- **Modelo de publicidad:** la empresa ofrece un servicio o producto gratuito, y genera ingresos a través de la publicidad que muestra en su plataforma, como en el caso de Facebook o Google.

- **Modelo de venta directa:** vende directamente al consumidor final, tal es el caso de tiendas en línea como Amazon o Etsy.

- **Modelo de franquicia:** la empresa otorga a un tercero el derecho de usar su marca y su modelo de negocio a cambio de una inversión inicial y el pago de regalías, como en el caso de McDonald's o Subway.

- **Modelo de licencias:** consiste en otorgar licencias de uso de su tecnología o propiedad intelectual a otras empresas a cambio de regalías, como lo hacen Microsoft y Adobe.

- **Modelo de comisión:** la empresa actúa como intermediaria entre compradores y vendedores, y cobra una comisión por cada transacción. Por ejemplo, eBay o Airbnb.

- **Modelo de productos complementarios:** la empresa ofrece un producto principal y también vende productos complementarios, como en el caso de Apple con sus dispositivos y accesorios.

Estos son solo algunos ejemplos, hay muchos más modelos de negocio en función del sector, la industria y el mercado al que se dirigen. Cada uno con mayor o menor grado de complejidad, tal como lo veremos con el Modelo Canva, que es el esquema que por lo general es utilizado tanto para crear un modelo de negocio, como para evaluar alguno ya existente y cuyos gerentes hayan solicitado mis servicios como asesor empresarial.

Modelo Canva

El modelo Canvas es una herramienta visual, creado por Alexander Osterwalder en 2008, que se utiliza para planificar y diseñar modelos de negocio de manera clara y concisa. Aunque ha pasado más de una década desde su creación, ha sido actualizado para reflejar los cambios y tendencias del mercado actual. Esta herramienta consta de nueve componentes clave que se interrelacionan para construir un modelo de negocio completo:

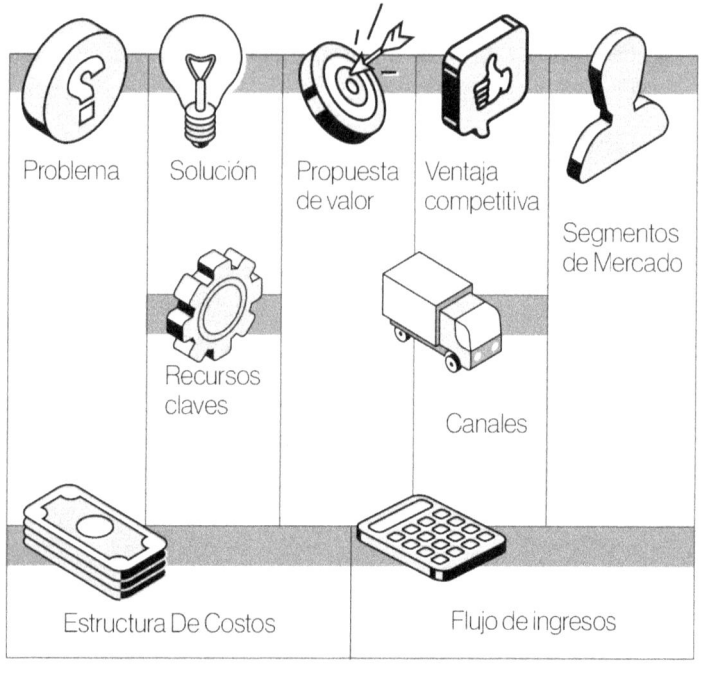

Este modelo es una poderosa herramienta visual para las marcas.

- Problema
- Solución
- Propuesta de valor
- Ventaja competitiva
- Segmentos de Mercado
- Recursos clave
- Canales
- Estructura de costos
- Flujo de ingresos

- **Problema:** en este apartado se identifica el problema o necesidad que tiene el cliente objetivo, es decir, el problema o necesidad que tu modelo de negocio está tratando de resolver.

- **Solución:** describe la solución que se ofrece al problema identificado. Esta solución debe ser clara y concisa, y responder a las necesidades y deseos del cliente objetivo. Este punto resume las actividades principales que la empresa debe realizar para entregar su propuesta de valor.

- **Propuesta de valor:** es una declaración que describe el valor que tu modelo de negocio aporta al cliente objetivo. Esta declaración debe ser única y diferenciarse de la competencia, de tal manera que los clientes perciban el valor de elegir tu empresa en lugar de otra. La pregunta clave es: ¿Qué valor agregado se está ofreciendo a los clientes?

- **Ventaja competitiva:** en este punto se precisan las ventajas que tiene tu modelo de negocio frente a la competencia. Estas ventajas pueden ser económicas, de calidad, de servicio, de marca, entre otras.

- **Segmentos de mercado:** aquí se identifican los distintos grupos de clientes que tiene tu modelo de negocio, y se segmentan según sus necesidades y preferencias. Esta información es fundamental para ofrecer un producto o servicio que se ajuste a las necesidades de cada segmento. Las preguntas clave que deben responderse aquí son: ¿quién es mi cliente? ¿Cuáles son sus necesidades y deseos?

- **Recursos clave:** aquí se identifican los recursos clave que necesita tu modelo de negocio para funcionar. Estos recursos pueden ser físicos, humanos, financieros o intelectuales. La pregunta clave es: ¿qué recursos se necesitan para entregar la propuesta de valor?

- **Canales:** en este punto se identifican los canales de distribución que se utilizarán para llegar al cliente objetivo. Estos canales pueden ser físicos, digitales o una combinación de ambos. La pregunta clave es: ¿cómo se entregan los productos y servicios a los clientes?

- **Estructura de costos:** aquí se identifican y evalúan los costos que se necesitan para que el modelo de negocio funcione. Estos costos pueden ser fijos o variables, directos o indirectos. La pregunta clave es: ¿cuáles son los costos clave para entregar la propuesta de valor?

- **Flujo o fuentes de ingresos:** en este apartado se identifica cómo el modelo de negocio generará ingresos. Estos ingresos pueden provenir de la venta de productos o servicios, de la publicidad, de las suscripciones, entre otras fuentes. Estos ingresos deben ser sostenibles y permitir que el modelo de negocio crezca y se mantenga en el tiempo. La pregunta clave es: ¿cómo se obtienen ingresos?

Cada uno de estos componentes clave está interrelacionado y debe ser considerado cuidadosamente para desarrollar un modelo de negocio sólido y exitoso. Por ejemplo, un restaurante podría utilizar el modelo Canvas para identificar y visualizar los diferentes segmentos de clientes a los que pretende atender, cómo se diferenciará de la competencia, cómo se relacionará con sus clientes, cómo generará ingresos, qué actividades clave se requieren para entregar su propuesta de valor, qué recursos se necesitan y cuáles serán los costos involucrados.

Por parte de la consultoría, conocer el modelo de negocio permitirá conocer con detalle la relojería interna de la empresa y cuáles podrían ser sus principales ventajas y fallas a tomar en cuenta. Como me gusta aclarar mis explicaciones con ejemplos, Aquí te presento un modelo Canva detallado para un restaurante:

Problema o necesidad que cubre:

- Preparación de platillos y bebidas.
- Atención al cliente exigente.

Solución:

- Ofrecer alimentos y bebidas de alta calidad.
- Crear aplicaciones de delivery para llegar a una mayor cantidad de clientes.

Propuesta de valor:

Ofrecer una amplia variedad de platillos, bebidas y postres de alta calidad en un ambiente cómodo y acogedor, con atención personalizada. Además ofrecer el servicio de delivery con altos estándares de calidad y atención.

Ventaja competitiva:

Ofrecer platos y bebidas con ingredientes de alta calidad, como productos orgánicos, locales y frescos. Además, el negocio garantiza, con chefs reconocidos, creatividad y originalidad en la elaboración de las comidas y bebidas, ofreciendo combinaciones y presentaciones únicas que no se encuentran en otros lugares. También habrá un monitoreo constante de las opiniones y comentarios de los clientes en redes sociales y otros medios para mejorar la experiencia del cliente.

Segmentos de mercado:

- Adultos y con poder adquisitivo.
- Jóvenes ejecutivos que buscan comer en un ambiente relajado y exquisito.
- Parejas que buscan una experiencia romántica.

Recursos clave:

- Chef con experiencia en cocina internacional.

- Personal de servicio capacitado.

- Equipo de cocina y utensilios de alta calidad.

Canales de distribución:

- Restaurante físico.

- Pedidos en línea a través de aplicaciones de delivery.

- Servicio de catering.

Estructura de costos:

- Alquiler del local.

- Sueldos y salarios del personal.

- Costos de alimentos y bebidas.

- Gastos de publicidad y marketing.

Flujo o fuentes de ingresos:

- Venta directa de platillos, bebidas y postres en el restaurante

- Comisiones por los pedidos realizados a través de las aplicaciones de delivery

- Organización de catering

Con este modelo Canva, el restaurante tendrá una visión clara de las necesidades que desea cubrir y cómo lo va a hacer, su propuesta de valor, su ventaja competitiva, el cliente objetivo, los recursos que necesita para operar, sus canales de distribución, su estructura de costos y su flujo de ingresos. Esto le permitirá tomar decisiones informadas sobre la gestión del negocio y asegurar su éxito a largo plazo.

5
HERRAMIENTAS
Y TÉCNICAS DE

Conoce con mayor detalle las
herramientas y técnicas con que
cuenta un consultor de negocios para
desempeñar con éxito su rol.

J uan era un joven consultor empresarial recién egresado de la universidad. Estaba muy entusiasmado por comenzar su carrera y ayudar a las empresas a mejorar su rendimiento. Un día obtuvo su primer proyecto como consultor empresarial en una empresa pequeña que estaba teniendo problemas para crecer y expandirse.

Juan se sintió emocionado por la oportunidad y se aseguró de aplicar todas las herramientas y técnicas que había aprendido en su formación. Realizó un análisis FODA exhaustivo, evaluó la cadena de valor de la empresa, identificó los puntos críticos que estaban afectando su desempeño y propuso soluciones efectivas para superarlos.

Sin embargo, para su sorpresa, los dueños de la empresa no estaban contentos con su trabajo. A pesar de que Juan había aplicado todas las herramientas y técnicas de consultoría que conocía, no había logrado conectar con ellos ni entender realmente sus necesidades y expectativas. Se habían sentido ignorados y poco comprendidos, lo que había generado una falta de confianza en su trabajo.

Juan se sintió abrumado y decepcionado. Trabajó con esmero y dedicación, pero no había logrado los resultados esperados.

Al reflexionar sobre lo ocurrido, se dio cuenta de que se había enfocado demasiado en las herramientas y técnicas de consultoría, es decir, en la teoría que recién había estudiado, olvidando la importancia de la conexión humana y la empatía en su trabajo.

A partir de ese momento, Juan decidió cambiar su enfoque. Aprendió a escuchar activamente a sus clientes y a comprender sus necesidades y expectativas antes de proponer soluciones. Aprendió a establecer relaciones de confianza y colaboración con ellos, trabajando juntos para alcanzar los objetivos de la empresa. Comprendió que, aunque las herramientas y técnicas de consultoría son importantes, la empatía y la conexión humana son esenciales para lograr resultados efectivos y duraderos.

La conclusión de esta historia es clara: aunque las herramientas y técnicas de consultoría son fundamentales para el trabajo de un consultor empresarial, no son suficientes por sí solas. La conexión humana, la empatía y la colaboración son igual de importantes para lograr resultados efectivos y satisfactorios.

> Un consultor empresarial debe aprender a utilizar todas estas herramientas juntas, y no centrarse solo en una de ellas, para brindar soluciones efectivas y sostenibles a sus clientes.

Herramientas de un consultor empresarial

Las herramientas y técnicas de consultoría son una parte fundamental del trabajo de un consultor empresarial, ya que le permiten analizar la situación de la empresa y proponer soluciones efectivas para mejorar su desempeño.

Ya en el capítulo anterior dimos un primer paso en este sentido recalcando la importancia de analizar el modelo de negocio de una empresa, para lo que te di como primera referencia el modelo Canva. A continuación, te describiré algunas de las principales herramientas y técnicas utilizadas por los consultores empresariales, aunque su implementación depende de la naturaleza del negocio, los problemas a superar, así como los objetivos que se planteen en cada caso:

Análisis FODA

El análisis FODA (también conocido como DAFO o SWOT, por sus siglas en inglés) es una herramienta de planificación estratégica que se enfoca en analizar tanto los factores internos como externos que pueden afectar a una empresa y ayuda a identificar las áreas en las que la empresa puede mejorar, es decir, las famosas brechas de mejora, y las oportunidades que puede aprovechar.

Esta técnica es muy vigente porque identifica rápidamente las Fortalezas, Oportunidades, Debilidades y Amenazas de la marca. El análisis FODA permite particularmente al consultor comprender la situación actual de la empresa y detectar los problemas a resolver.

Para aplicar el análisis FODA, el consultor empresarial primero recopila información sobre la empresa y su entorno. Luego, divide la información recopilada en las referidas cuatro categorías:

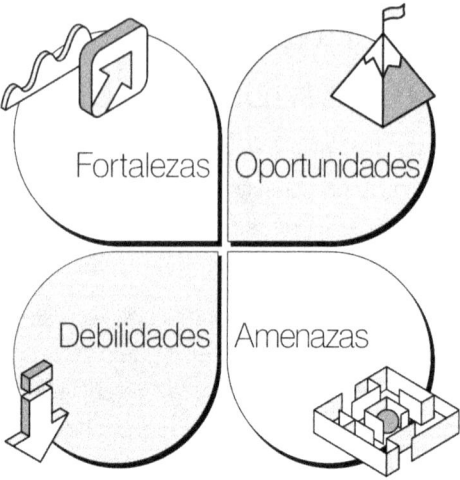

- **Fortalezas:** las características internas positivas que ayudan a la empresa a alcanzar sus objetivos, como una marca reconocida, empleados altamente capacitados, una tecnología avanzada, entre otros.

- **Oportunidades:** factores externos positivos que son aprovechados para lograr el éxito, como el crecimiento del mercado, la demanda de productos o servicios similares a los de la empresa, entre otros.

- **Debilidades:** las características internas negativas que obstaculizan el éxito de la empresa, como la falta de capital, la baja calidad de los productos o servicios, los procesos internos ineficientes, entre otros.

- **Amenazas:** factores externos negativos que afectan a la empresa, como la fuerte competencia, los cambios en la regulación, la disminución de la demanda del mercado, entre otros.

Por ejemplo, si un consultor de negocios estuviera analizando la situación de una empresa de servicios de entrega de comida a domicilio, podría identificar las siguientes fortalezas: una amplia gama de opciones de menú, un sitio web fácil de usar y un fuerte conocimiento de la ciudad y sus áreas.

Las oportunidades quizá tomarían en cuenta un mercado en crecimiento de usuarios de aplicaciones móviles de comida y una mayor conciencia de la importancia de una alimentación saludable. A su vez, las debilidades tal vez serían una limitada capacidad de producción y la dependencia de una cantidad limitada de restaurantes socios. Las amenazas podrían incluir el aumento de la competencia en el mercado y una eventual disminución del interés en la entrega de comida a domicilio por parte de los clientes.

Una vez que se han identificado estas cuatro categorías, el consultor de negocios desarrolla estrategias que capitalicen las fortalezas y oportunidades mientras abordan las debilidades y amenazas.

Análisis de mercado

El análisis de mercado es una herramienta clave para cualquier consultor de negocios. Consiste en la recopilación y análisis de información relevante sobre el mercado en el que opera la empresa, lo que incluye información sobre los competidores, los clientes, las tendencias del mercado y las oportunidades de crecimiento.

El análisis de mercado permite al consultor identificar las fortalezas y debilidades de la empresa en relación con su competencia y el mercado en general. Esto a su vez ayuda al consultor a recomendar estrategias y tácticas efectivas para mejorar el desempeño de la empresa.

El análisis de mercado se puede realizar mediante la recopilación y análisis de datos secundarios (información existente en fuentes públicas), así como mediante investigaciones de mercado primarias (encuestas, grupos focales, entrevistas).

Análisis de competidores

El análisis de competidores se utiliza para conocer los competidores de la empresa, su posicionamiento en el mercado, sus fortalezas y debilidades. El objetivo es identificar las estrategias y tácticas utilizadas por los competidores para poder competir de manera efectiva.

Aquí te presento algunas técnicas o estrategias para analizar a los competidores en un mercado:

- **Análisis de la competencia directa e indirecta:** identificar a los competidores directos, que ofrecen productos o servicios similares, y a los indirectos, que son una alternativa para los clientes.

- **Análisis de la estrategia de precios:** conocer los precios que ofrecen los competidores y cómo varían en función del valor que ofrecen.

- **Análisis de la estrategia de marketing:** técnicas publicitarias, la segmentación de mercado, el branding y la reputación de la competencia.

- **Análisis de la cartera de productos:** productos o servicios que ofrecen los competidores y cómo se complementan o diferencian de los nuestros.

- **Análisis de la calidad:** calidad de los productos o servicios que ofrecen los competidores.

- **Análisis de la innovación:** si la competencia está innovando en productos, servicios, procesos o tecnología.

- **Análisis de la estrategia de distribución:** conocer la distribución geográfica y canales de venta que usan los competidores para llegar a los clientes.

Supongamos que un consultor de negocios es contratado para analizar a los competidores de una empresa de telefonía móvil. El consultor podría utilizar las técnicas mencionadas anteriormente para recopilar información sobre los competidores directos e indirectos, comparar los precios, la calidad, la estrategia de marketing y distribución, la innovación y la cartera de productos de cada uno de ellos.

En base a esta información, el consultor podría sugerir una estrategia de mercado que permita a la empresa competir de manera efectiva y lograr el éxito en el mercado de la telefonía móvil.

Análisis de la cadena de valor

Esta técnica permite al consultor identificar las actividades clave de la empresa y analizar cómo estas actividades generan valor para el cliente. El objetivo es mejorar la eficiencia y eficacia de estas actividades para mejorar el desempeño de la empresa.

Aquí te presento algunas técnicas o estrategias que un consultor empresarial utiliza regularmente para conocer la cadena de valor de una organización:

- **Entrevistas:** el consultor realiza entrevistas con los empleados de diferentes departamentos de la empresa para conocer cómo se llevan a cabo los procesos y qué actividades se realizan en cada etapa.

- **Análisis de documentos:** analizar los documentos que se utilizan en cada etapa del proceso, desde la adquisición de materias primas hasta la entrega del producto final.

- **Análisis de datos:** estudiar los datos de ventas, costos y rentabilidad para identificar cuáles son los procesos más rentables de la empresa y cuáles necesitan mejoras.

- **Mapas de procesos:** echar mano de herramientas de diagramación para crear mapas de los procesos de la empresa y así identificar los puntos críticos y las oportunidades de mejora.

Imagina que el consultor es contratado por una empresa de manufactura de alimentos para mejorar su cadena de valor. El consultor podría comenzar entrevistando al personal de los departamentos de producción, compras, ventas y logística para conocer cómo se llevan a cabo los procesos en cada etapa.

Luego, pasaría a analizar los documentos que se utilizan en cada etapa, como órdenes de compra, facturas, hojas de producción y órdenes de entrega. También le pondría la lupa a los datos de ventas y costos para identificar cuáles son los procesos más rentables y cuáles necesitan mejoras.

Por último, echaría mano de herramientas de diagramación para crear mapas de los procesos de la empresa y así identificar los puntos críticos y las oportunidades de mejora. De esta forma, el consultor podría identificar los problemas en la cadena de valor de la empresa y sugerir mejoras para optimizar los procesos y aumentar la rentabilidad de la organización.

Análisis de procesos

De la mano del punto anterior, el análisis de procesos permite al consultor identificar los procesos clave de la empresa, detectar las ineficiencias y proponer mejoras para optimizarlos.

Por ejemplo, un consultor empresarial que trabaja con una empresa de manufactura podría comenzar por entrevistar al personal para obtener información sobre cómo se llevan a cabo los procesos y cuáles son los problemas que enfrentan.

Luego, podría utilizar el análisis de flujo de procesos y el mapeo de procesos para visualizar el flujo de trabajo y determinar dónde se producen los cuellos de botella y las ineficiencias. A partir de esta información, el consultor ya está encaminado para sugerir cambios en los procesos y proponer soluciones para mejorar la eficiencia y la productividad de la empresa.

Diseño organizacional

El diseño organizacional es una herramienta utilizada por los consultores de negocios para ayudar a las empresas a mejorar su eficiencia y efectividad mediante la revisión y rediseño de sus estructuras organizativas y procesos de trabajo.

La estructura organizacional bien diseñada por el asesor de negocios, en conjunto con los propietarios o ejecutivos de la marca que le contrata, debe resultar en procesos eficientes, una cultura sólida, una estrategia empresarial clara y un equipo humano comprometido.

Esta labor implica la identificación de los objetivos y necesidades de la empresa y la creación de una estructura organizativa y procesos de trabajo que permitan a la empresa alcanzar sus objetivos de manera efectiva y eficiente.

El diseño organizacional también incluye la implementación de sistemas y tecnologías que permitan a la empresa mejorar su desempeño.

Existen diferentes tipos de modelos organizacionales que son utilizados por una empresa, algunos de ellos son:

- **Jerárquico:** este modelo se basa en una estructura jerárquica donde la toma de decisiones es centralizada y fluye de arriba hacia abajo. Cada nivel jerárquico tiene un conjunto de responsabilidades y autoridad definidos. Es común en empresas grandes y tradicionales, como empresas gubernamentales.

- **Matricial:** aquí se combinan las estructuras jerárquicas y funcionales, lo que significa que los empleados pueden trabajar en múltiples proyectos al mismo tiempo. La autoridad y la responsabilidad son compartidas por varios departamentos y los empleados son más flexibles. Ejemplo: empresas de consultoría.

- **Funcional:** este modelo se organiza alrededor de funciones y tareas específicas, como finanzas, marketing o producción. Cada departamento tiene su propia jerarquía y responsabilidades, lo que facilita la especialización y la eficiencia en la realización de tareas específicas, como las fábricas.

- **Organizaciones planas:** en este modelo poco común se elimina la mayoría de los niveles jerárquicos y se promueve una cultura de igualdad y trabajo en equipo. Los empleados tienen más libertad y responsabilidad para tomar decisiones y colaborar en diferentes proyectos. Ejemplo: empresas de tecnología y startups.

Cada modelo organizacional tiene sus ventajas y desventajas, y es importante que una empresa elija el modelo que mejor se adapte a sus objetivos y necesidades.

Grupos de discusión

Los grupos de discusión se utilizan para obtener la opinión de los empleados y otros grupos de interés de la empresa sobre temas específicos. Estos grupos permiten al consultor obtener una visión más completa de los problemas y necesidades de la empresa. Algunas técnicas y estrategias para organizar grupos de discusión son:

- **Identificar los temas clave a discutir:** definir los temas que serán discutidos en el grupo y asegurarse de que sean relevantes para los participantes.

- **Seleccionar a los participantes:** seleccionar a los participantes para que representen diferentes áreas o departamentos de la empresa, así como a otros grupos de interés, como clientes o proveedores.

- **Diseñar la estructura de la discusión:** para asegurarse de que los temas sean abordados de manera efectiva y que se obtenga la información necesaria.

- **Establecer las reglas del grupo:** asegurar de que haya un ambiente de respeto y apertura para la discusión.

- **Grabar y transcribir las discusiones:** para revisarlas y analizarlas posteriormente.

Por ejemplo, un consultor empresarial puede organizar un grupo de discusión con empleados de diferentes áreas para obtener su opinión e inquietudes sobre la comunicación interna. Durante la discusión, los empleados identifican problemas con la comunicación entre los departamentos y la falta de claridad en los mensajes de la dirección.

Benchmarking

El benchmarking compara el desempeño de la empresa con el de otras empresas del mismo sector. El objetivo es identificar las mejores prácticas de otras empresas y adaptarlas a la empresa del cliente.

Esta técnica identifica las áreas en las que la empresa se desempeña mejor y en las que necesita mejorar para competir en el mercado. Se realiza a nivel de procesos, productos, servicios, recursos humanos y otros aspectos clave de la marca. A continuación, te presento un paso a paso para aplicar un estudio de benchmarking:

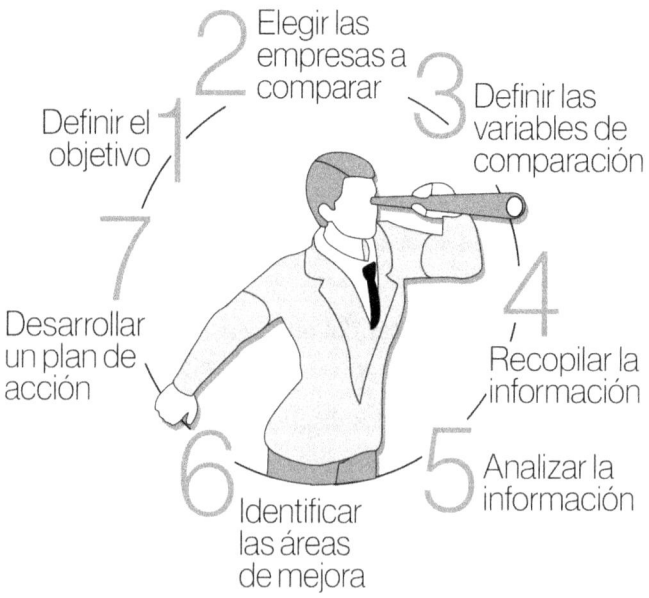

1. Definir el objetivo
2. Elegir las empresas a comparar
3. Definir las variables de comparación
4. Recopilar la información
5. Analizar la información
6. Identificar las áreas de mejora
7. Desarrollar un plan de acción

1. Definir el objetivo: el primer paso es definir el objetivo del estudio de benchmarking, es decir, qué se quiere comparar y con qué propósito. Por ejemplo, querer comparar la rentabilidad de la empresa con la de otras empresas del mismo sector para identificar áreas de mejora.

2. Seleccionar las empresas comparables: una vez definido el objetivo, se deben seleccionar las empresas a estudiar. Estas deben ser comparables a la marca en tamaño, mercado, productos o servicios que ofrecen, entre otros aspectos.

3. Definir las variables de comparación: se deben definir las variables que se van a utilizar para la comparación. Estas variables abarcan la rentabilidad, el nivel de endeudamiento, los costos, los ingresos, la productividad, entre otras.

4. Recopilar la información: se debe recopilar la información de las empresas seleccionadas en relación a las variables definidas. Esta información se obtiene de fuentes públicas como informes anuales, bases de datos especializadas, entre otras.

5. Analizar la información: una vez recopilada la información, se debe analizar para identificar las fortalezas y debilidades de la empresa en comparación con las empresas seleccionadas.

6. Identificar las áreas de mejora: con base en el análisis realizado, se deben identificar las áreas de mejora de la empresa en relación a las variables de comparación. Estas áreas de mejora son objetivos específicos para la empresa.

7. Desarrollar un plan de acción: finalmente, se debe desarrollar un plan de acción para implementar las mejoras identificadas en las áreas seleccionadas. Este plan de acción debe incluir un cronograma, un presupuesto, y las responsabilidades de cada persona o departamento.

Por ejemplo, una empresa de telecomunicaciones quiere comparar su servicio al cliente con el de otras empresas del mismo sector. Para ello, selecciona tres empresas comparables en tamaño y alcance de mercado. Luego, define las variables de comparación, como la calidad del servicio, el tiempo de respuesta, la satisfacción del cliente y la cantidad de quejas recibidas.

Tras el paso anterior, recopila la información de cada empresa en estas variables de comparación y las analiza. Identifica que su tiempo de respuesta es mayor que el de las otras empresas y que su tasa de quejas es más alta. Desarrolla un plan de acción para reducir el tiempo de respuesta y mejorar la calidad del servicio al cliente. El plan incluye la contratación de personal adicional, la implementación de nuevas tecnologías y la capacitación del personal existente.

Análisis de costos

El análisis de costos permite al consultor identificar los costos de la empresa y detectar las áreas donde reducir costos sin afectar el desempeño de la empresa, con el objetivo de identificar oportunidades de ahorro y eficiencia.

Esta herramienta implica la identificación y desglose de los costos directos e indirectos, y su relación con los ingresos y la rentabilidad de la empresa.

El análisis de costos ayuda al consultor a identificar los productos o servicios más rentables, los procesos que generan mayores costos y las áreas donde reducir costos sin afectar la calidad.

Aunque el análisis de costos es casi una rama en sí de las finanzas empresariales, lo que sobrepasaría los límites de este libro, es bueno apuntar algunos factores a considerar al momento de plantearse un análisis de costos de una organización:

- **Identificar los costos fijos y variables:** esto implica clasificar los costos en aquellos que no varían con la producción o las ventas, y los que sí lo hacen.

- **Analizar los costos directos e indirectos:** los costos directos son aquellos que están directamente relacionados con la producción o venta de un producto o servicio, mientras que los costos indirectos no lo son.

- **Calcular el margen de contribución:** esto implica restar los costos variables del precio de venta del producto o servicio para obtener el margen de contribución.

- **Analizar el punto de equilibrio:** determinar el nivel de ventas necesario para cubrir todos los costos de la empresa.

- **Analizar la estructura de costos:** esto incluye las diferentes categorías de costos (por ejemplo, costos de mano de obra, costos de materiales, costos de servicios) y determinar su proporción en el costo total.

- **Analizar los costos de los competidores:** comparar los costos de la empresa con los de los competidores del mismo sector.

Un ejemplo de cómo un consultor empresarial aplica estas técnicas es el siguiente: el consultor analizaría los costos de una empresa de manufactura y descubrirá que los costos de materiales son mucho más altos que los de sus competidores.

De ahí en adelante, el consultor recomendaría que la empresa busque nuevos proveedores o que negocie mejores precios con sus proveedores actuales para reducir los costos de materiales y, por lo tanto, aumentar la rentabilidad de la empresa.

Además, el consultor podría analizar los costos fijos y variables de la empresa y recomendar una estructura de costos más eficiente que permita a la empresa reducir sus costos fijos y aumentar su flexibilidad en tiempos de cambio en la demanda del mercado.

Análisis financiero

El análisis financiero es otra herramienta esencial para el consultor de negocios. Consiste en la revisión y análisis de los estados financieros de la empresa, incluyendo el balance, la cuenta de resultados y el flujo de caja.

El análisis financiero permite al consultor identificar la salud financiera de la empresa y su capacidad para generar ingresos y ganancias.

Además, el análisis financiero permite al consultor identificar áreas de mejora en la gestión financiera de la empresa, como el control de costos, la gestión de la liquidez y la rentabilidad. El análisis financiero también ayuda al consultor a identificar riesgos y oportunidades para la empresa.

Planificación estratégica

La planificación estratégica se utiliza para definir los objetivos y la estrategia de la empresa a largo plazo. El consultor empresarial ayuda a la empresa a definir su visión, misión y objetivos y a desarrollar un plan de acción para lograrlos.

Tan importante es este punto, que dedicará el siguiente capítulo a desarrollar el aspecto de la planificación estratégica por ser uno de los más demandados en la consultoría empresarial y en el que muchas empresas presentan grandísimas fallas.

6
BASES DE LA PLANIFICACIÓN

La planificación estratégica es una herramienta esencial para guiar y asegurar el éxito y crecimiento sostenible de un negocio a largo plazo.

Como consultor con años de experiencia, he visto tanto el éxito como el fracaso de muchos negocios, y la diferencia clave está en tener una visión clara de hacia dónde se quiere dirigir la compañía y qué pasos concretos se van a tomar para lograr esos objetivos.

El desarrollo de una buena planificación estratégica requiere visionar hacia dónde quiere llegar la empresa a largo plazo y plantear objetivos ambiciosos pero alcanzables. Asimismo, definir estrategias innovadoras y audaces que permitan conseguir una ventaja competitiva sostenible, y por último establecer todos los programas, acciones y pasos específicos que llevarán la visión y objetivos a la realidad.

> Confeccionar un plan estratégico no garantiza el éxito automático. Este debe ser seguido de una ejecución efectiva.

Una planificación estratégica bien diseñada no basta para el éxito del negocio. La ejecución efectiva es esencial. Si los líderes no tienen las habilidades y la capacidad para ejecutar los planes estratégicos, habrá una desconexión entre la teoría y la práctica. Los líderes deben implementar los planes de manera eficaz y eficiente.

Aclarado esto, A continuación te paso a explicar cada uno de los 6 pasos o fases que forman parte del proceso de planificación estratégica de una empresa:

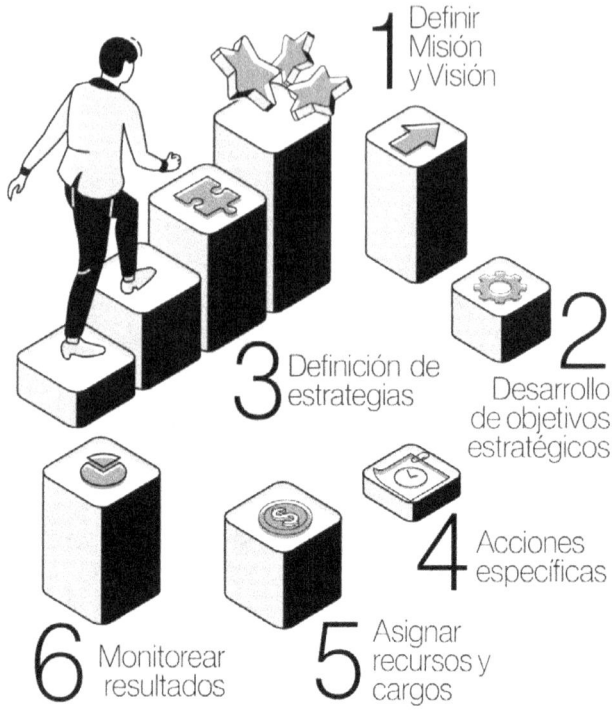

1. Definir Misión y Visión

2. Desarrollo de objetivos estratégicos

3. Establecimiento de estrategias

4. Acciones específicas

5. Asignar recursos y responsabilidades

6. Monitorear resultados

1. Define Misión y Visión

Lo primero que hay que definir es la misión y visión de la empresa.

- **Misión:** establece el propósito fundamental del negocio y responde a la pregunta de por qué existe.

- **Visión:** define dónde quiere estar la empresa en un plazo de 3 a 5 años.

Estos dos elementos deben quedar claros y concisos para que puedan ser comunicados fácilmente a los empleados y a los clientes. Un ejemplo de una misión y visión bien definidas son las de Nike: "Traer inspiración e innovación a todos los atletas del mundo" y "Ser la marca líder en productos deportivos de alto rendimiento".

Por ejemplo, la misión de una aerolínea podría ser "conectar al mundo de la manera más segura, puntual y económica posible" y su visión podría ser "ser la aerolínea más admirada y respetada del mundo".

2. Desarrollo de objetivos estratégicos

A partir de la misión y visión, se desarrollan los objetivos estratégicos, que son grandes metas que permitirán alcanzar la visión. Por ejemplo, para la aerolínea podrían ser: aumentar las ventas en un 20% anual, incrementar la satisfacción del cliente, expandirse a nuevas regiones geográficas, etc.

El método SMART es una técnica específica para establecer objetivos. Se basa en la idea de que los objetivos deben ser específicos, medibles, alcanzables, relevantes y delimitados en el tiempo. Se trata de establecer objetivos que sean claros y definidos, y que se puedan medir para determinar si se están logrando.

Además, los objetivos deben ser alcanzables y relevantes para la organización, y deben estar delimitados en el tiempo para que se puedan evaluar y ajustar según sea necesario. Aquí te presento una tabla con el ejemplo resuelto de una floristería aplicando el método SMART para establecer sus objetivos. La idea es que tomes esto como referencia y lo apliques a tu caso:

OBJETIVO	ESPECÍFICO	MEDIBLE	ALCANZABLE	RELEVANTE	DELIMITADO EN EL TIEMPO
Aumentar las ventas	Sí / Incrementar el número de ventas de arreglos florales	Sí / Aumentar en 20% las ventas trimestrales	Sí - Se cuenta con el personal y la materia prima para atender la demanda	Sí / Las ventas son el indicador clave para el éxito de la floristería	Sí / Incrementar las ventas en un 20% durante el próximo trimestre
Mejorar la satisfacción del cliente	Sí / Aumentar la calificación del cliente en las encuestas de satisfacción	Sí / Lograr la calificación de satisfacción del cliente del 90 % en las encuestas trimestrales	Sí / Se pueden aplicar mejoras en el servicio al cliente y en la calidad de los arreglos florales	Sí / La satisfacción del cliente es crucial para mantener su lealtad y aumentar las ventas	Sí / Alcanzar una calificación de satisfacción del cliente del 90% en las encuestas trimestrales
Expandir la presencia en línea	Sí / Crear una tienda en línea para la floristería	Sí / Registrar un aumento del 10 % en las ventas a través de la tienda en línea en el próximo trimestre	Sí / Se cuenta con los recursos y conocimientos necesarios para implementar una tienda en línea	Sí / La presencia en línea es clave en la actualidad para llegar a un público más amplio	Sí / Crear la tienda en línea y registrar un aumento del 10 % en las ventas en el próximo trimestre

A estas alturas es bueno tener bien claro qué son los KPI (Key Performance Indicators) o indicadores clave de rendimiento que se utilizan para medir el éxito de las diferentes estrategias y objetivos del plan estratégico de una organización.

Estos indicadores son métricas que permiten evaluar de manera objetiva el desempeño de la empresa y determinar si se están alcanzando los objetivos establecidos.

A continuación, se presentan algunos ejemplos de KPI utilizados para medir el éxito de diferentes objetivos y estrategias dentro de un plan estratégico de negocios:

- **Porcentaje de crecimiento de ventas:** este KPI mide el porcentaje de aumento en las ventas en un período de tiempo determinado. Por ejemplo, si una empresa establece como objetivo un crecimiento del 10 % en las ventas anuales, este KPI será medirá si se está logrando o no este objetivo.

- **Tasa de conversión de clientes potenciales a clientes reales:** este KPI mide la proporción de clientes potenciales que se convierten en clientes reales. Por ejemplo, si una empresa establece como objetivo aumentar su tasa de conversión en un 20 %, este KPI es utilizado para medir si se está logrando ese objetivo.

- **Costo de adquisición de clientes:** mide el costo que tiene la empresa para adquirir un nuevo cliente.

- **Tiempo promedio de respuesta a los clientes:** mide el tiempo que tarda la empresa en responder a las consultas de los clientes, lo que apunta a la calidad del servicio.

- **Porcentaje de satisfacción del cliente:** identifica el grado de satisfacción de los clientes con los productos o servicios de la empresa.

- **Costo de producción por unidad:** mide el costo que tiene la empresa para producir una unidad de su producto o servicio.

- **Porcentaje de retención de empleados:** como su nombre lo indica, esta variable establece el porcentaje de empleados que permanecen en la empresa durante un período de tiempo determinado. Tiene que ver con la rotación o no del personal.

Siempre recomiendo seleccionar los KPI adecuados para cada objetivo y estrategia, y asegurarse de que se estén midiendo y monitoreando de manera regular para poder tomar decisiones informadas y ajustar la estrategia si es necesario. Otros métodos para el establecimiento de objetivos estratégicos son:

- **Método de las 5W:** este método implica hacer preguntas que comiencen con "qué", "quién", "cuándo", "dónde" y "por qué" para obtener información específica sobre el objetivo. Por ejemplo, si el objetivo es "incrementar las ventas", se puede utilizar el método de las 5W para obtener más detalles sobre el objetivo, como "¿qué productos se quieren vender más?", "¿quién es el público objetivo?", "¿cuándo se quiere lograr el incremento de ventas?", "¿dónde se van a enfocar las ventas?", y "¿por qué se quiere incrementar las ventas?".

- **Método del árbol de objetivos:** esta técnica se utiliza para descomponer un objetivo principal en objetivos más pequeños y manejables. Se comienza con el objetivo principal y se va desglosando en objetivos más específicos y detallados, hasta llegar a objetivos que puedan ser medidos y evaluados. El método del árbol de objetivos ayuda a establecer objetivos más específicos y detallados que puedan ser medidos y evaluados con mayor precisión.

3. Establecer estrategias

Seguidamente, se deben trazar las estrategias que permitirán conseguir los objetivos definidos en el punto anterior. Los objetivos y estrategias son dos términos diferentes pero estrechamente relacionados en la planificación empresarial. Los objetivos son los resultados que se buscan alcanzar en el corto, mediano y largo plazo, mientras que las estrategias son los planes específicos que se establecen para lograr esos objetivos.

Por ejemplo, si el objetivo de una empresa de servicios es aumentar sus ingresos en un 20 % en el próximo año, una estrategia podría ser expandir su cartera de clientes mediante una campaña de marketing enfocada en redes sociales. La estrategia es la confección del plan que permitirá concretar el objetivo.

Otro ejemplo podría ser una empresa de fabricación de ropa deportiva que establece como objetivo aumentar su presencia en el mercado internacional. Una estrategia para lograr ese objetivo podría ser desarrollar nuevos productos exclusivos para ese mercado y establecer acuerdos comerciales con distribuidores locales, así como alianzas con influencers locales para llegar a su nicho.

> Las estrategias implican decisiones clave sobre el negocio, como en qué segmento de clientes enfocarse, política de precios, el posicionamiento de la marca, alianzas estratégicas, expansión a nuevos mercados, etc.

Para que te quede más claro, aquí te dejo algunos ejemplos de estrategias para diferentes tipos de negocios:

Negocio de alimentos y bebidas:

- Expandir el menú para incluir opciones veganas y vegetarianas.

- Ofrecer servicio a domicilio o delivery para ampliar el alcance del negocio.

- Implementar promociones y descuentos en días y horarios de menor demanda para atraer más clientes.

Negocio de ropa y moda:

- Establecer una presencia en línea a través de una tienda en línea o redes sociales.

- Participar en eventos y ferias para aumentar la visibilidad de marca.

- Ofrecer promociones y descuentos en temporadas de cambio de estación o durante festividades.

Negocio de tecnología:

- Lanzar nuevos productos o versiones actualizadas y mejoradas de productos existentes para mantenerse al día con las tendencias del mercado.

- Establecer una estrategia audaz de comunicación con los usuarios de las redes sociales.

- Establecer alianzas con otras empresas para ofrecer servicios complementarios.

- Ofrecer servicios de soporte técnico y mantenimiento para fidelizar a los clientes y asegurar su satisfacción.

Negocio de servicios financieros:

- Ofrecer servicios en línea para aumentar la comodidad y accesibilidad de los clientes.

- Crear programas de lealtad para recompensar a los clientes por su fidelidad.

- Ampliar los servicios ofrecidos para incluir asesoramiento financiero personalizado.

Negocio de cuidado personal:

- Ofrecer paquetes y promociones para atraer a nuevos clientes y fidelizar a los ya existentes.

- Ampliar los servicios ofrecidos para incluir tratamientos de belleza y bienestar.

- Establecer alianzas con otras empresas y servicios para ofrecer servicios complementarios.

4. Acciones específicas

Una vez establecidas las estrategias, hay que definir los pasos concretos a seguir para ejecutarlas. Esto implica definir los recursos necesarios, las personas encargadas de llevar a cabo las diferentes tareas y los plazos establecidos para cada etapa del proceso.

Por ejemplo, si la estrategia es aumentar las ventas en línea de un negocio, una táctica específica podría ser invertir en publicidad en redes sociales para aumentar el alcance de la marca. La acción concreta sería establecer una campaña publicitaria con un presupuesto y plazo definidos para implementarla.

Para cumplir con esta fase por lo general se crea un plan de negocios anual que se mensualiza con metas precisas y bien definidas.

5. Asignar recursos y responsabilidades

Una vez que se ha desarrollado la estrategia, el siguiente paso es asignar los recursos y responsabilidades necesarias para llevar a cabo la planificación estratégica, lo que incluye la asignación de presupuesto, el establecimiento de plazos y la asignación de tareas específicas a los miembros del equipo.

La comunicación es clave en cualquier planificación estratégica exitosa. La estrategia y el progreso deben ser comunicados claramente a los empleados, clientes y otras partes interesadas en el negocio.

A continuación, te proporcionaré algunas estrategias y consejos a seguir al asignar recursos y responsabilidades dentro del plan estratégico de tu organización o negocio:

- **Establecer un equipo de trabajo:** este equipo es liderado por un gerente o un líder del proyecto, quien será responsable de garantizar que se cumplan los objetivos establecidos.

- **Identificar y priorizar los recursos:** recomiendo incluir personal, tecnología, equipo, financiamiento, etc. Al priorizar los recursos, te aseguras que los más críticos sean asignados primero y que se utilicen de manera efectiva.

- **Establecer un presupuesto:** claro y detallado, lo que garantizará que se asignen suficientes recursos financieros y que se utilicen de manera efectiva. El presupuesto debe incluir los costos asociados con la asignación de recursos, como la contratación de personal adicional o la adquisición de materiales y tecnología.

- **Definir responsabilidades:** que cada participante sepa exactamente lo que se espera de ellos y que sepan cómo trabajar juntos de manera efectiva para lograr los objetivos estratégicos. Se deberían establecer roles específicos para cada miembro del equipo, así como también establecer metas y plazos claros para cada tarea.

- **Comunicar el plan:** cada miembro debe tener una comprensión clara de lo que se espera de ellos y de cómo su trabajo contribuirá a lograr los objetivos de la organización.

6. Monitorear resultados de la planificación estratégica

Es importante monitorear y evaluar constantemente el progreso hacia los objetivos para asegurarse que las estrategias y acciones estén funcionando, lo que requerirá realizar ajustes o cambios en el plan. La planificación estratégica debe ser un proceso dinámico y continuo.

Por supuesto, aquí tienes algunas estrategias y consejos para monitorear y hacerle seguimiento al plan estratégico de una organización o negocio:

- **Establecer métricas y objetivos de seguimiento:** hay que definir los KPI (Key Performance Indicators) que se utilizarán para medir el éxito de las diferentes estrategias y objetivos del plan estratégico. Cada objetivo debe tener un conjunto de métricas específicas y alcanzables que permitan medir su progreso.

- **Establecer un calendario de seguimiento:** es necesario establecer un calendario de seguimiento y una serie de hitos que permitan al equipo de dirección verificar si la empresa está en el camino correcto. El calendario ha de incluir reuniones periódicas, revisiones trimestrales o semestrales, y fechas límite para la implementación de diferentes estrategias.

- **Establecer un sistema de reporte de progreso:** es necesario establecer un sistema que permita recopilar y reportar los resultados de seguimiento. Este sistema debe ser fácil de usar, accesible para todos los miembros del equipo y capaz de proporcionar información detallada sobre el progreso de cada objetivo.

- **Revisar regularmente el plan estratégico:** hay que revisar regularmente el plan estratégico para asegurarse de que sigue siendo relevante y efectivo, lo que implica ajustes en los objetivos, cambios en las estrategias, y la identificación de nuevos desafíos y oportunidades.

Comunicar y celebrar el éxito: hay que comunicar el progreso y el éxito a toda la organización. El reconocimiento de los logros y la celebración de los hitos alcanzados son una poderosa herramienta para mantener a los miembros del equipo motivados y comprometidos.

7
MARKETING

Una de las áreas más apasionantes para abordar por un consultor empresarial es el marketing de los productos o servicios de una empresa. No obstante, es uno de los aspectos más abandonados y desasistidos.

Quisiera comentarte mi experiencia con una pequeña pastelería en el centro de la ciudad que estaba luchando para sobrevivir. A pesar de sus deliciosos pasteles y su atención personalizada, la pastelería no atraía a suficientes clientes y estaba sufriendo pérdidas financieras cada mes.

Fue entonces cuando llegué a la pastelería como consultor. Desde el primer día, advertí que la pastelería tenía un gran potencial, pero necesitaba un cambio de imagen y una estrategia de marketing adecuada.

Me reuní con el propietario de la marca para hablar sobre sus metas y objetivos. Después de escuchar cuidadosamente sus necesidades, comencé a desarrollar una estrategia de marketing y ventas que reflejara la personalidad de la pastelería y sus productos de calidad.

En primer lugar, trabajamos en el diseño del logotipo y la imagen de marca de la pastelería. Después de varias propuestas y revisiones, llegamos a un diseño que reflejaba la elegancia y la sofisticación de los pasteles que se ofrecían. A partir de ahí, actualizamos la página web y las redes sociales de la pastelería, creando un contenido visual atractivo y de calidad para atraer a los clientes.

La siguiente fase de la estrategia fue enfocarse en la promoción. Organizamos degustaciones gratuitas en eventos locales, enviamos cupones de descuento por correo electrónico y promocionamos la pastelería en las redes sociales. También hicimos eventos temáticos en la pastelería, como una degustación de postres de San Valentín, lo que atrajo a nuevos clientes y aumentó la fidelidad de los existentes.

Además, trabajamos en la mejora de la atención al cliente. Entrenamos al personal de la pastelería para que brindara una atención más personalizada y amable, lo que resultó en comentarios positivos en las redes sociales y en una mayor recomendación boca a boca.

Finalmente, implementamos un sistema de seguimiento de ventas y comentarios para medir el impacto de nuestra estrategia. Con el tiempo, la pastelería comenzó a ver un aumento significativo en las ventas y una mayor base de clientes leales.

Ahora, la pastelería ha expandido su negocio a nuevas ciudades. Me alegra haber sido parte del éxito de esta pastelería y haber ayudado a transformarla en una marca reconocida y querida por los clientes.

Importancia del marketing

Me apasiona el mundo de la gerencia y en particular, el marketing, porque creo que es una de las áreas más importantes para el éxito de cualquier negocio. Es por eso que siempre me ha motivado guiar a emprendedores, ayudándoles a entender la importancia del marketing y cómo desarrollar estrategias efectivas.

Sin embargo, sorprende cómo muchas empresas aún no dan la importancia que merece el marketing, y lo ven como un gasto en lugar de una inversión. A menudo, descuidan el desarrollo de una estrategia de marketing efectiva y terminan perdiendo oportunidades valiosas para atraer y retener clientes, lo que se traduce en pérdidas de ventas.

> Es crucial para cualquier negocio, grande o pequeño, establecer una estrategia de marketing y ventas sólida y bien estructurada desde el principio.

Una estrategia efectiva de marketing y ventas ayuda a las empresas a comprender mejor a sus clientes y su comportamiento, identificar las necesidades y deseos de los clientes, y desarrollar productos y servicios que satisfagan esas necesidades.

Pasos para crear una estrategia de marketing

Para desarrollar una estrategia de marketing y ventas efectiva, es necesario seguir algunos pasos clave:

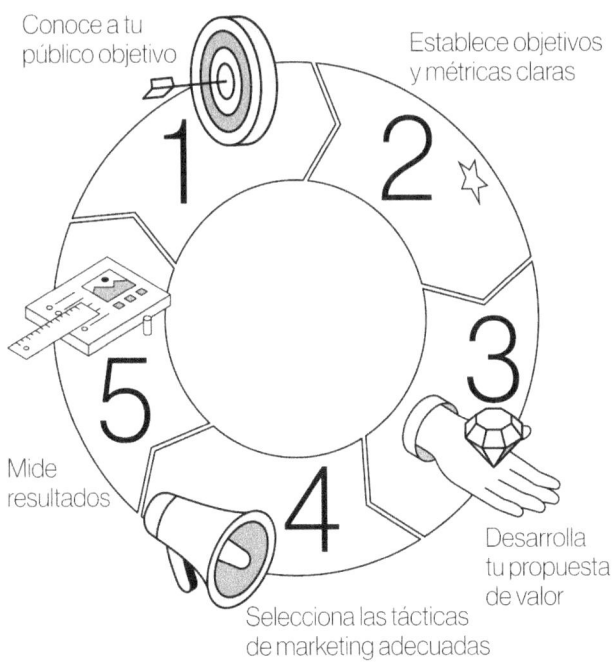

Conoce a tu
público objetivo

Establece objetivos
y métricas claras

Mide
resultados

Desarrolla
tu propuesta
de valor

Selecciona las tácticas
de marketing adecuadas

1. Conoce a tu público objetivo

¿Quiénes son tus clientes ideales? ¿Cuáles son sus necesidades y deseos? ¿Cómo toman sus decisiones de compra? Tener una comprensión clara de tu público objetivo te permitirá adaptar tu estrategia de marketing y ventas para satisfacer sus necesidades y deseos.

Para identificar a tu público objetivo, puedes realizar investigaciones de mercado, encuestas, análisis de datos y otras técnicas de investigación de mercado. También, monitorear los cambios en el mercado y en las tendencias del consumidor para asegurarte de que tu estrategia se mantenga relevante y actualizada.

Al ponernos en los zapatos del cliente, podemos identificar aspectos que como dueños o asesores empresariales no habíamos considerado, lo que nos permite mejorar nuestra propuesta de valor y adaptarla a las necesidades reales del mercado. Es importante hacerse preguntas como:

- ¿Qué problemas enfrentan los clientes en su día a día?

- ¿Cómo podemos ofrecer soluciones prácticas a esos problemas?

- ¿Qué tipo de experiencia buscan los clientes al interactuar con nuestro negocio?

Al responder estas preguntas, podemos generar nuevas necesidades y expectativas en nuestros clientes, lo que se traduce en un mayor valor para ellos y para nuestro negocio.

2. Establece objetivos y métricas claras

¿Qué quieres lograr con tu estrategia? ¿Aumentar las ventas en un determinado porcentaje? ¿Atraer nuevos clientes? ¿Retener a los clientes existentes? Muchas de las respuestas a estas preguntas las lograremos extraer en la planificación estratégica de la que te hablé en el capítulo anterior, sobre todo si realizaste el ejercicio con el modelo Canva.

Una vez que hayas establecido tus objetivos, debes establecer métricas claras para medir el éxito de tu estrategia. Estas métricas abarcan el número de nuevos clientes, la tasa de retención de clientes, las ventas totales, la tasa de conversión y otros indicadores clave de rendimiento (KPI).

3. Desarrolla tu propuesta de valor

Tu propuesta de valor es lo que te diferencia de tus competidores y lo que atrae a tus clientes. Debes desarrollar una propuesta de valor clara y convincente que destaque las características y beneficios únicos de tus productos o servicios.

Para desarrollar tu propuesta de valor, debes tener en cuenta las necesidades y deseos de tu público objetivo, así como las características y beneficios únicos de tus productos o servicios. También es importante diferenciarte de tus competidores y encontrar formas de ofrecer un valor único y atractivo a tus clientes.

4. Selecciona las tácticas de marketing adecuadas

Una vez que hayas desarrollado tu propuesta de valor, debes seleccionar las tácticas de marketing adecuadas para llegar a tu público objetivo y promover tus productos o servicios. Las tácticas de marketing pueden incluir:

Publicidad en línea y fuera de línea

La publicidad es un formato de comunicación que se utiliza para persuadir a las audiencias a tomar una acción específica, como comprar un producto o utilizar un servicio. La publicidad en línea incluye anuncios en redes sociales, Google Ads, publicidad en sitios web y aplicaciones móviles.

> La publicidad fuera de línea incluye anuncios en revistas, periódicos, radio y televisión. Por ejemplo, Coca-Cola utiliza anuncios de televisión y vallas publicitarias para promocionar su marca y productos.

Por ejemplo, la campaña publicitaria de un restaurante en redes sociales puede enfocarse en mensajes sobre la variedad de opciones frescas y saludables en el menú, con fotos atractivas de los platos. La promoción de descuentos para nuevos clientes también refuerza este mensaje. Las relaciones públicas pueden incluir eventos como talleres sobre nutrición.

Marketing de contenidos

El marketing de contenidos es una estrategia que implica la creación y distribución de contenido valioso y relevante para atraer y retener a una audiencia específica. Esto incluye blogs, videos, infografías y otros tipos de contenido.

Marketing por correo electrónico

El marketing por correo electrónico implica el envío de correos electrónicos promocionales a una lista de clientes potenciales o existentes. Estos correos pueden incluir descuentos, promociones y actualizaciones sobre nuevos productos o servicios. Por ejemplo, Amazon envía correos electrónicos promocionales a sus suscriptores que incluyen recomendaciones de productos y descuentos.

Redes sociales

Las redes sociales son plataformas en línea donde las personas pueden conectarse y compartir contenido. Las empresas pueden utilizar las redes sociales para llegar a nuevos clientes y interactuar con los existentes. Desde actualizaciones de estado, compartir fotos y videos y responder a los comentarios de los clientes. Un gran ejemplo de esta estrategia es Nike, que utiliza Instagram para publicar fotos de sus productos y para interactuar con sus seguidores.

SEO

La optimización de motores de búsqueda (SEO) es una táctica que abarca la optimización de un sitio web para mejorar su posicionamiento en los resultados de búsqueda de Google y otros motores de búsqueda. Esto incluye la optimización de palabras clave, la creación de contenido de calidad y la optimización técnica del sitio web. Por ejemplo, la empresa de comercio electrónico Amazon optimiza su portal con palabras clave relevantes para sus productos, ello mejora su posicionamiento en los resultados de búsqueda de Google.

Selecciona las tácticas de marketing adecuadas que sean relevantes para tu público objetivo y que te ayuden a alcanzar tus objetivos y métricas.

Marketing de Influencia

Consiste en utilizar personas influyentes en redes sociales o en cualquier otro medio para promocionar productos o servicios de una marca. Este tipo de marketing se ha vuelto cada vez más popular en los últimos años y con el auge de las redes sociales, ya que muchas personas confían más en las recomendaciones de personas influyentes que en la publicidad tradicional.

Marketing de eventos

Es una estrategia que se enfoca en la organización de eventos para promocionar un producto o servicio. Los eventos son ferias, congresos, exhibiciones, entre otros.

Esta estrategia permite a las empresas llegar a su público objetivo y posibles proveedores de manera directa y personalizada. Es clave para los siguientes propósitos:

- **Crear experiencias memorables:** esta estrategia permite crear experiencias únicas que conectan con los asistentes emocionalmente y generan una conexión más cálida y cercana con la marca.

- **Generar interacción y engagement:** los eventos son una oportunidad para conocer a los clientes en persona, tomar nota de sus necesidades y preferencias, y personalizar la experiencia de marca para ellos.

- **Aumentar la visibilidad y el alcance de la marca:** el marketing de eventos suele ser utilizado para llegar a una audiencia más grande que la frecuente los canales convencionales de distribución y captar la atención de clientes potenciales.

- **Fomentar la lealtad del cliente:** los eventos de la marca generan una conexión más fuerte con la marca. Los clientes que se sienten valorados y conectados emocionalmente con la marca son más propensos a ser fieles y recomendar la marca a otros.

- **Generar oportunidades de negocio:** utilizado para crear una red de contactos y promover la colaboración y el intercambio de ideas entre empresas.

Marketing en aplicaciones móviles

Las empresas pueden crear aplicaciones que promuevan sus productos o servicios, o bien utilizar aplicaciones de terceros para llegar a su público objetivo.

5. Mide resultados

Por último, no subestimes la importancia de medir y analizar tus resultados de marketing y ventas. Debes establecer métricas claras para medir el éxito de tu estrategia, como el número de visitas al sitio web, la tasa de conversión y el retorno de inversión.

Luego, debes utilizar estas métricas para identificar áreas de mejora y ajustar tu estrategia en consecuencia.

¿Y si no monitoreas la estrategia de marketing?

Me detengo en este punto porque sin la medición de resultados podrías estar perdiendo dinero y, lo peor, estar apuntando hacia ninguna parte con tu negocio.

> La medición de resultados en una estrategia de marketing empresarial es fundamental para evaluar su efectividad y su retorno de inversión (ROI).

Si no se miden los resultados, es difícil saber si la estrategia de marketing está funcionando o no, y si se están alcanzando los objetivos previstos. Esto puede tener varios efectos negativos para el negocio, entre los cuales destaco los siguientes:

- Pérdida de tiempo y recursos

- Falta de visibilidad

- Falta de orientación estratégica

- Incapacidada para justificar el gasto de marketing

Pérdida de tiempo y recursos Falta de visibilidad Falta de orientación estratégica Incapacidad para justificar el gasto

- **Pérdida de tiempo y recursos:** si no se miden los resultados de la estrategia de marketing, se pueden invertir recursos, tiempo y esfuerzo en actividades de marketing que no están generando resultados positivos. Esto puede llevar a una pérdida de recursos y a un desperdicio de tiempo y dinero.

- **Falta de visibilidad:** la falta de medición de resultados puede llevar a una falta de visibilidad sobre el desempeño de la estrategia de marketing. Sin la capacidad de evaluar el desempeño de la estrategia, los líderes del negocio no podrán identificar los problemas y las áreas de mejora, lo que puede llevar a una falta de adaptación y mejora en la estrategia.

- **Falta de orientación estratégica:** La medición de resultados ayuda a los líderes del negocio a comprender mejor los objetivos y las necesidades del cliente, lo que les permite orientar su estrategia de marketing de manera más efectiva. Si no se miden los resultados, puede ser difícil para el negocio mantener una orientación estratégica clara y enfocada en las necesidades del cliente.

- **Incapacidad para justificar el gasto:** si no se miden los resultados de la estrategia de marketing, el negocio puede tener dificultades para justificar el gasto en marketing y persuadir a los inversores de la necesidad de seguir invirtiendo en estas actividades.

8
UN REPASO Y

Espero que Consultoria Empresarial
Efectiva haya servido de guia sobre
cómo contratar al consultor empresarial
adecuado y cómo trabajar juntos para
desarrollar y mejorar los negocios.

Durante los últimos años, he tenido el privilegio de trabajar con numerosas empresas y consultores empresariales para ayudarles a alcanzar sus objetivos y maximizar su éxito. Me enorgullece haber podido compartir mi experiencia y conocimientos a través de este libro, y espero haber podido inspirar y guiar a aquellos que buscan mejorar sus empresas mediante la contratación de un consultor empresarial.

A modo de conclusión, sí quisiera hacer un breve repaso a los puntos principales tratados en este libro, para que no olvides tomarlos en cuenta al momento de ponerlos en práctica:

¿Por qué contratar a un consultor de negocios?

Muchas empresas podrían sentirse intimidadas por la idea de contratar a un consultor empresarial externo, pero la verdad es que los consultores son una herramienta valiosa para impulsar el crecimiento y el éxito de una marca, sea grande o pequeña. Al trabajar con un consultor experimentado, recibirás una perspectiva objetiva sobre tu empresa y descubrirás nuevas oportunidades para mejorar.

¿Qué es un consultor de negocios?

Un consultor empresarial es profesional que utiliza sus habilidades y experiencia para ayudar a las empresas a resolver problemas, implementar cambios y mejorar su rendimiento en general. Los consultores trabajan en una variedad de áreas, desde finanzas y marketing hasta recursos humanos y tecnología.

¿Por qué contratar a un consultor de negocios? Responsabilidades

Contratar a un consultor empresarial es una inversión importante, pero es una inversión que paga dividendos significativos a largo plazo. Un consultor ayuda a tomar decisiones críticas, implementar cambios y mejorar el rendimiento de tu negocio.

¿Cómo elegir al consultor adecuado?

Elegir al consultor empresarial que más nos conviene es una tarea abrumadora, pero hay algunas cosas que puedes hacer para asegurarte de tomar la mejor decisión. Asegúrate de buscar referencias, investigar su experiencia con otras empresas del ramo y habilidades desplegadas. Compara cuidadosamente. Y, sobre todo, asegúrate de que esté comprometido con el éxito de tu empresa.

Al momento de contratar a un consultor empresarial

Una vez que hayas encontrado el consultor empresarial adecuado, es importante establecer expectativas claras y objetivos medibles para el trabajo en equipo que realizarán. Asegúrate de establecer un presupuesto claro y una línea de tiempo realista para el proyecto.

Después de contratar a un consultor empresarial, hay que trabajar juntos para establecer una comunicación precisa y fluida. Así como asegurarte de que todas las partes estén alineadas en cuanto a los objetivos y las expectativas del proyecto. Es clave que ofrezcas la retroalimentación constante y trabajar con el equipo interno relevante para ajustar el plan a medida que sea necesario.

Sí o sí: análisis del modelo de negocio

Antes de comenzar a trabajar en cualquier proyecto, es fundamental comprender el modelo de negocio de tu empresa. El modelo de negocio describe cómo tu empresa crea, entrega y captura valor para tus clientes. Una herramienta valiosa para analizar el modelo de negocio es el modelo Canva, que te ayudará a visualizar de manera clara y concisa cómo funciona tu negocio.

Herramientas y técnicas de consultoría empresarial

Los consultores empresariales tienen acceso a una amplia variedad de herramientas y técnicas para ayudar a mejorar tu empresa. Desde el análisis FODA y el análisis de mercado hasta la planificación estratégica y el análisis financiero, hay muchas herramientas para tomar decisiones críticas y mejorar el rendimiento de tu empresa.

Además, en este libro también hablamos de las herramientas y técnicas más efectivas utilizadas por consultores empresariales, como el Análisis FODA, Análisis de mercado, Análisis de competidores, Análisis de la cadena de valor, Análisis de procesos, Diseño organizacional, Grupos de discusión, Benchmarking, Análisis de costos, Análisis financiero, Planificación estratégica, entre otras.

Bases de la planificación estratégica de un negocio o marca

La planificación estratégica es un proceso crítico que te ayuda a establecer objetivos claros y desarrollar un plan para alcanzarlos. Hablamos sobre cómo definir la misión y la visión de la empresa, cómo establecer objetivos estratégicos, cómo establecer estrategias y acciones específicas, cómo asignar recursos y responsabilidades y cómo monitorear los resultados de la planificación estratégica.

Marketing y estrategia de ventas

Por último, el libro abordó la importancia del marketing y la estrategia de ventas en la empresa. Muchas empresas subestiman la importancia del marketing, pero es esencial para atraer y retener a los clientes, lo que a su vez aumenta las ventas y la rentabilidad. En este libro te presenté los pasos clave para crear una estrategia de marketing efectiva, desde conocer a tu público objetivo hasta seleccionar las tácticas de marketing adecuadas y medir los resultados.

Cuidado con estos errores

No quisiera despedirme sin mencionar los principales errores o equivocaciones que se cometen al momento de trabajar con un consultor empresarial, lo que echaría por la borda muchos de los aspectos tratados a lo largo del libro.

Como consultor empresarial, sé que uno de los mayores errores que puedo cometer es no escuchar activamente a mis clientes. Por eso siempre me aseguro de dedicar tiempo y atención para entender las necesidades y desafíos únicos de cada negocio con el que trabajo, para poder ofrecer soluciones efectivas.

Además, comprendo que la experiencia es crucial en mi trabajo: si no tengo un conocimiento profundo del sector en el que estoy trabajando, puedo tener dificultades para comprender los desafíos únicos de un negocio.

También evito ofrecer soluciones genéricas que no se adapten a las necesidades específicas de una empresa. Entiendo que cada negocio tiene sus propias necesidades y desafíos, y como consultor, estoy dispuesto a adaptarme y personalizar mi enfoque para satisfacer esas necesidades.

Así como estos errores comunes al tratar con un consultor, a continuación, te presento las 10 principales equivocaciones en las que podría incurrir un consultor empresarial:

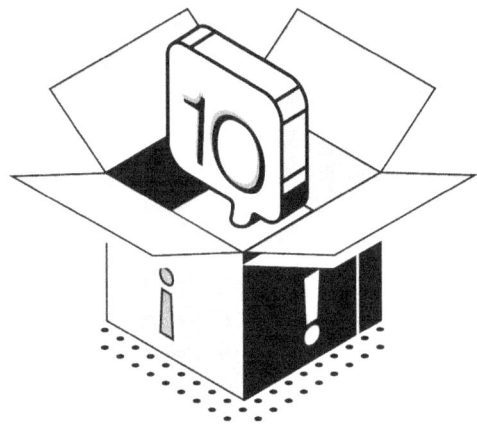

1. Falta de escucha activa: uno de los errores más comunes que cometen los consultores es no escuchar adecuadamente a sus clientes. Es vital que el consultor dedique tiempo y atención a escuchar las necesidades y los desafíos de su cliente para comprender la labor que debe hacer en adelante y ofrecer soluciones efectivas.

2. Falta de experiencia: un consultor sin la experiencia necesaria tendrá dificultades para comprender los desafíos únicos de un negocio. De allí que es una condición clave tanto su experiencia gerencial, es decir, haber ejercido cargos ejecutivos en una marca del ramo, así como una formación universitaria en gerencia de empresas. Esto garantiza un conocimiento profundo del sector en el que está trabajando. Solo así podrá ofrecer soluciones y orientación efectivas a sus clientes o empresas similares.

3. Enfoque en soluciones genéricas: Un consultor que ofrece soluciones genéricas en lugar de soluciones personalizadas y adaptadas a las necesidades específicas de la empresa puede no ser efectivo en su trabajo. Cada negocio tiene sus propias necesidades y desafíos, y el consultor debe estar dispuesto a adaptarse y personalizar su enfoque para satisfacer esas necesidades.

4. Falta de comunicación clara: La comunicación clara es esencial en cualquier relación comercial, y el consultor no es una excepción. Si el consultor no se comunica claramente con el cliente, habrá malentendidos y falta de claridad en el proceso de trabajo y en los resultados esperados.

5. Exceso de confianza: el profesional de la consultoría gerencial que muestra demasiada confianza es percibido como arrogante y poco dispuesto a escuchar las ideas y comprender las necesidades del cliente, es decir, ponerse en sus zapatos. Hay que mostrar humildad y estar dispuesto a trabajar en equipo con el cliente para cumplir con el programa de renovación o revisión del negocio.

6. Falta de flexibilidad: quien se apega demasiado a sus propias ideas y metodologías tendrá dificultades para adaptarse a los cambios en las necesidades del cliente o en el mercado. De allí que el consultor debe ser flexible, con mente abierta y estar dispuesto a adaptarse a las necesidades en evolución de la marca que lo contrata.

7. Falta de seguimiento: el asesor empresarial que no realiza un seguimiento adecuado de su trabajo dejará a los clientes con preguntas sin respuesta y falta de claridad sobre el progreso del proyecto. El consultor debe comunicarse regularmente con el cliente, y con el equipo que este disponga, para proporcionar actualizaciones claras y precisas sobre el trabajo que debe ejecutarse para cumplir con el programa planteado.

8. Falta de comprensión del cliente: un consultor que no comprende adecuadamente el negocio y las necesidades del cliente estará perdido. Es seguro que tendrá dificultades para ofrecer soluciones efectivas. Así que hay que dedicar tiempo a comprender el negocio y las necesidades del cliente antes de ofrecer soluciones. El asesor debe asumir la marca como suya mientras esté en el proceso de confección y seguimiento de su plan de trabajo.

9. Opacidad: el consultor empresarial que no es transparente en su trabajo y en la presentación de resultados generará desconfianza en el cliente.

10. Falta de enfoque en resultados: Un consultor que no se centra en resultados concretos y medibles tendrá dificultades para justificar su trabajo y su valor para el cliente. Por eso debe tener un enfoque claro en los resultados y trabajar mano a mano con el cliente para alcanzar los objetivos.

Espero que hayas encontrado los consejos prácticos, herramientas y técnicas que he compartido útiles y aplicables en tu negocio. Gracias por leer Consultoría Empresarial Efectiva y por confiar en mí como tu guía en el proceso de contratar un consultor empresarial. ¡Te deseo todo el éxito en tu negocio!

GLOSARIO

- Análisis FODA:
técnica que permite
identificar las Fortalezas,
Oportunidades,
Debilidades y Amenazas
de una empresa para
diseñar estrategias
efectivas.

- Benchmarking:
proceso de comparar
los procesos, servicios
y productos de una
empresa con los de
sus competidores para
mejorar su desempeño.

- Business Plan: plan de
negocios que describe
la visión, estrategias y
objetivos de una empresa
para alcanzar el éxito.

- Change Management:
proceso de gestión del
cambio organizacional
para adaptarse a nuevas
circunstancias del
mercado y mejorar el
rendimiento empresarial.

- Coaching empresarial:
proceso de
entrenamiento y guía a
los líderes y empleados
de una empresa para
mejorar su desempeño y

alcanzar objetivos.

- **Consultoría estratégica:** proceso de análisis y planificación para mejorar la eficiencia, eficacia y rentabilidad de una empresa.

- **CRM:** Customer Relationship Management, proceso de gestión de la relación con los clientes para mejorar su satisfacción y fidelización.

- **Cuadro de Mando Integral:** herramienta que permite medir y controlar el desempeño empresarial a través de indicadores financieros y no financieros.

- **Due Diligence:** proceso de investigación y análisis financiero, legal y comercial para evaluar una empresa antes de una posible inversión, ampliación o adquisición.

- **Empowerment:** proceso de delegación de poder y autoridad a los empleados para aumentar su motivación, compromiso y productividad.

- **Estrategia de Marketing:** plan de acción que define cómo una empresa va a canalizar, promocionar y posicionar sus productos o servicios en el mercado objetivo.

- **Estudio de mercado:** análisis detallado del mercado para identificar oportunidades, tendencias y necesidades de los clientes.

- **Gestión de calidad:** proceso de planificación, control y mejora de la calidad de los productos o servicios ofrecidos por una empresa.

- **Gestión de proyectos:** proceso de planificación, ejecución y control de un proyecto para alcanzar los objetivos establecidos.

- **Gestión del cambio:** proceso de adaptación a nuevas circunstancias, tecnologías o métodos para mejorar el rendimiento empresarial.

- **Gestión del conocimiento:** proceso de identificación, creación, distribución y uso del conocimiento en una empresa para mejorar su desempeño.

- **Gestión del riesgo:** proceso de identificación, evaluación y control de los riesgos empresariales para minimizar su impacto en la empresa.

- **Inteligencia de negocios:** proceso de análisis y gestión de datos empresariales para mejorar la toma de decisiones.

- **ISO 9001:** norma internacional de gestión de calidad que establece los requisitos para un sistema de gestión de calidad eficiente.

- **Lean Management:** vocación de mejora continua de una marca para reducir los costos y aumentar la eficiencia y la calidad en los procesos empresariales.

- **Negociación:** comunicación entre dos partes para llegar a un acuerdo que beneficie a ambas.

- **Outsourcing:** proceso de subcontratación de servicios a terceros para reducir costos y mejorar la eficiencia empresarial.

- **Planificación estratégica:** proceso de diseño y ejecución de estrategias empresariales para alcanzar los objetivos a largo plazo de una empresa.

- **Reingeniería de procesos:** proceso de rediseño y optimización de los procesos empresariales para aumentar la eficiencia y reducir costos.

- **ROI:** Return on Investment, indicador financiero que mide la rentabilidad de una inversión realizada por una empresa.

- **Sistemas de información:** conjunto de herramientas y tecnologías que permiten la gestión de la información empresarial de manera eficiente y abierta a las tendencias.

- **Six Sigma:** metodología de mejora continua para reducir los defectos y mejorar la calidad en los procesos empresariales.

- **SWOT:** acrónimo de Strengths, Weaknesses, Opportunities, Threats, técnica de análisis estratégico que identifica las fortalezas, debilidades, oportunidades y amenazas de una empresa.

- **Transformación digital:** proceso de adaptación y aprovechamiento de las tecnologías digitales para mejorar el rendimiento empresarial.

- **Value Proposition:** propuesta de valor, conjunto de beneficios y soluciones que una empresa ofrece a sus clientes o mercado para satisfacer sus necesidades y expectativas.

Esta primera edición de
Consultoría Empresarial Efectiva
fue publicada en 2023.